U0621445

小学信息技术教学实践创新

蔡晓程　著

哈尔滨出版社
HARBIN PUBLISHING HOUSE

图书在版编目（CIP）数据

小学信息技术教学实践创新／蔡晓程著. — 哈尔滨：
哈尔滨出版社,2022.9
　ISBN 978-7-5484-6754-0

　Ⅰ.①小⋯ Ⅱ.①蔡⋯ Ⅲ.①计算机课－教学研究－
小学 Ⅳ.①G623.582

中国版本图书馆 CIP 数据核字（2022）第 172587 号

书　　　名：**小学信息技术教学实践创新**
　　　　　　XIAOXUE XINXI JISHU JIAOXUE SHIJIAN CHUANGXIN

作　　者：蔡晓程　著
责任编辑：李金秋
装帧设计：中图时代

出版发行：哈尔滨出版社（Harbin Publishing House）
社　　址：哈尔滨市香坊区泰山路 82-9 号　　**邮编**：150090
经　　销：全国新华书店
印　　刷：三河市嵩川印刷有限公司
网　　址：www. hrbcbs. com
E － mail：hrbcbs@ yeah. net
编辑版权热线：（0451）87900271　87900272
销售热线：（0451）87900202　87900203

开　　本：710 mm×1000 mm　1/16　**印张**：7　**字数**：91 千字
版　　次：2022 年 9 月第 1 版
印　　次：2022 年 9 月第 1 次印刷
书　　号：ISBN 978-7-5484-6754-0
定　　价：68.00 元

凡购本社图书发现印装错误,请与本社印制部联系调换。

服务热线：（0451）87900279

目　录

第一章　小学信息技术课程概述

第一节　信息技术与信息素养的概念

一、信息技术的概念

人类步入信息时代,多媒体技术和网络技术在教学中得到了广泛运用,人们的教育观念、教学方式和教学方法也发生了深刻变革。当前,我国基础教育面临着新课程改革与现代信息技术的有效运用两大挑战。新课程调整了学校课程的总体结构,现代教育技术则为教育创新提供了无限空间。这对学科教师提出了越来越高的要求,学科教师的专业地位也随之提高。

信息技术概念有广义和狭义之分。广义的信息技术泛指所有处理和应用信息的技术,狭义的信息技术特指基于计算机的信息技术。本书所谓信息技术一般是指狭义的信息技术,主要包括多媒体技术和网络技术。

(一)计算机

计算机俗称"电脑",由硬件和软件组成,是一种能够按照事先存储的程序,自动、高速地进行数据计算和信息处理的现代化智能电子设备。随着科技的日新月异,出现了一些新型计算机,如生物计算机、光子计算机、量子计算机等。

进入 21 世纪,随着网络技术的发展与普及,个人电脑开始微型化、智能化和网络化,具有了网络通信功能,出现了 iPhone、iPad 和云计算等技术与服务,改变了人类的思维、学习和生活方式。

计算机与人脑的工作原理相似。计算机具有运算速度快、存储容量大、通信范围广等特点,而人脑的智慧和情感显然是计算机不可企及的。

工作原理的相似使得计算机可以像人一样感知外部世界,进行信息通信和智能判断,甚至干预外部世界。计算机主要通过键盘、摄像头、麦克风、传感器等硬件获得数据和感知外部世界;借助 CPU 完成数据处理和智能判断;通过音箱、显示器、机械装置等输出设备干预外部世界。

在计算机出现之前,人们只能够通过视觉、听觉、触觉等器官感受世界。这种感觉是十分有限的。例如,人类获得的外界信息中至少有 80% 来自视觉,能够感知的可见光的波长范围是 380～780 纳米,这只是光谱中很小的一个部分。但是,借助计算机和各种传感器设备,可以感知可见光以外的信号,这就极大地延展了人类的视觉范围。

计算机与人脑沟通需要借助程序语言。程序语言主要包括汇编语言、Matlab 语言、Visual C++语言和 Java 语言等。其中,Matlab 主要用于科学计算、可视化和交互式程序设计,代表着当今科学计算软件的先进水平。此外,Scratch、Power-Point、Algodoo、仿真物理实验室等应用软件也可视为程序语言。编写程序可以控制计算机,延伸人脑的功能。

(二)多媒体技术

所谓多媒体技术,是利用计算机对文本、图形、图像、声音、动画、视频等多种信息元素进行人机交互作用,建立逻辑关系和综合处理的信息技术。多媒体技术具有数字化、集成性、多样性、交互性、非线性等特点。理解和掌握多媒体技术,已成为现代人生活必备的基本素养。

20世纪90年代,为了使多媒体技术和众多相关设备具有通用性和兼容性,人们开始制定一系列的技术和设备标准,多媒体技术开始走向标准化。到目前为止,所建立的技术标准有静态图像压缩标准、动态图像压缩标准和面向可视电话与电视会议系统的视频压缩标准等。此外,还有音频的压缩编码、CD-ROM和DVD存储编码等技术标准。

多媒体技术沿着以下两条主线发展:一条是视频技术的发展,另一条是音频技术的发展。视频技术发展经历了3个高潮,它们分别是AVI、MPEG和Stream(流格式)3种视频存储标准。其中AVI的出现为计算机视频存储奠定了基础,Stream使得网络传播视频成为可能,MPEG则普及了计算机视频的应用。音频压缩技术大致经历了两个阶段,即以单机为主的WAV和MIDI音乐技术及随后出现的网络音乐技术。目前比较流行的音乐格式有RA,RM,WMA,MP3,VQF等。其中RA和WMA可以在互联网上直接实时播放,同步下载与播放。

进入21世纪,多媒体技术开始走向流媒体化、智能化和虚拟现实化。未来的多媒体计算机可以让位于不同地点的多个用户自由地交流信息,观察对方的数据,修改同一个文件,讨论同一张图表,共同完成某一活动,等等。

(三)计算机网络技术

计算机网络技术是从20世纪下半叶发展起来的一种新的网络技术,它把互联网上分散的资源融为一体,实现资源的有机协作和共享,提高使用资源的整体能力。资源包括计算机、人力资源、信息资源、知识资源、专家资源、大型数据库、传感器等。

计算机网络的正式兴起始于1969年12月美国的ARPA军事网络。这个计算机网络是一种分组交换网。分组交换网技术是计算机网络技术的基础。计算机网络通信涉及许多复杂的技术问题。1984年,为实现不同开发商的分层网络体系产品之间互联,国际标准化组织(ISO)颁布了开放系统互联参考模型(简称网络协议 OSI 层次模型),成为计算机网络体系开发的国际参考标准。在此之前 TCP/IP(传输控制协议/网际协议)是一种广泛采用的协议。20 世纪 90 年代,计算机技术、通信技术以及计算机网络技术得到迅猛发展。Internet 已经成为人类最重要的、最庞大的"智慧大脑"。1996 年,开始研发互联网Ⅱ和下一代互联网。

计算机网络有三大基本功能:数据通信、资源共享、分布控制与处理。近期计算机网络技术出现了智能化趋势,1999 年实现了世界上首例实验性远程手术,医生根据传来的影像,利用互联网控制现场的医疗器械进行手术。美国西北大学利用互联网实现了研究 X 射线强度与距离的关系的远程测控实验。

二、信息技术的本质

一般来说,信息技术就是获取、处理、传递、储存、使用信息的技术。所以,凡是与上述诸方面相关的技术都可以被称为信息技术。信息技术一般来说可以分为 4 类,即感测技术、通信技术、计算机技术和控制技术。基于信息技术应用性强的特点,信息技术常常被称为"3C"技术或者"3A"技术等。所谓 3C 就是指通信(Communication)、计算机(Computer)、控制(Control)等;3A 就是指工厂自动化(Factory Automation)、办公自动化(Office Automation)和家庭自动化(Home Automation)。显然,3A 技术就是信息技术在人类生产活动和生活过程中最为典型的应用。除了 3C、3A 说法以外,信息技术还有"3D"的说法,即数字传输(Digital Transmission)、数字交换(Digital Switching)、数字处理(Digital Processing)等,3D 技术都是信息技术在不同领域中的具体应用。总之,信息技术在飞速发展,内涵与外延也在不断地延伸。要深刻领会信息技术课程的发展,需要从以下几方面来认识信息技术的本质。

(一)作为工具的信息技术

正如人们所理解的一样,信息技术自诞生之日起,就是被当作一种工具来看待。人们习惯将信息技术作为一种获取、处理、表达信息的工具,将信息技术作为一种解决问题的工具。信息技术不仅仅成为寻常百姓的日常生活、学习和工作的工具,人们交流、合作、解决问题的工具,而且成为现代科学发展的强大动力,在所有学科的发展中都可以看到信息技术的影子。无论是从语言学的发展层面来看,还是从航天、航空科学的发展,信息技术无不起着巨大的作用。所以,信息技术作为工具的特性和价值,在现代社会的方方面面都得到了淋漓尽致地展现。

(二)作为思维的信息技术

将信息技术作为思维的表述从信息技术诞生之日就有了。从最初的程序设计思维开始,人们就逐渐认识到信息技术作为思维的一种方式的作用。信息技术不仅仅具备了思维训练的价值,而且成为人类的一种思维方式而存在和发展着。人类之所以需要而且离不开这种思维方法,是因为它具有与众不同的思维特征。

信息技术其实与逻辑思维、批判性思维紧密相连。从信息的处理角度来看,强调信息的建模与问题解决,从而使得逻辑思维得以发展。而信息的大爆炸,更使得批判性思维成为人们日常生活和学习的必要思维方式。所以,信息技术作为一种思维方式,更加强调其从特定的角度来把握特征,解决其他思维难以解决的问题。

(三)作为文化的信息技术

一种技术,当它在社会上得到普遍的认可和应用,并且这种应用成为人们日常生活和学习中的一种行为方式,那么就会衍生成为一种文化。计算机网络等技术为代表的信息技术的普及与应用,已经深刻地影响着人们的生活,它已经超越单纯的技术范畴,在世界范围内已经成为一种文化。

以计算机、网络技术为代表的信息技术,使得人类社会拥有从没有过的信息总量。信息技术引起了不同国家、不同族群的重大范式的转变,包括人们的价值观念、行为方式、思维方法等,都在发生着不同程度的转变,继而使人的道德观念和价值取向也发生变化,形成了一种新的文化。在操作的技术中,文化可能多半在操作的技能、规范中体现出来,而在信息技术中,文化则更偏重理性和知识。信息技术是一种文化,是信息社会成员所习得且共有的与信息社会相适应的基本观念和行为方式。

三、信息素养的内涵

随着计算机技术的飞速发展,多媒体技术和网络的应用日益广泛,越来越多的教育界领导和教师认识到信息化教育是学校素质教育的重要组成部分,信息素养是评价学生素质的重要内容。如何培养学生的信息素养是教育工作者一直在努力探索的问题。美国、日本、挪威等国家的信息技术教育的目标中明确规定了"所有的学生都将具备信息素养的能力",我国普及信息技术教育的一个重要目标也是"培养现代社会接班人的信息素养"。因此,为培养学生的信息素养,必须积极探索我国学生信息素养的内容体系,它是如何培养学生信息素养的重要前提,也是制定信息技术教学内容的重要依据。

从以上的信息素养概念的指标体系来说,信息素养的核心是信息处理的能力,包括获取信息、加工信息、表达信息和交流信息等能力。以上几种信息素养的具体界定虽然不尽相同,但是有一些共性的内容还是显而易见的。首先,信息素养既包括对信息的科学理解,也包括具体应用信息技术的能力,同时,也特别注重学生情感态度价值观的培养,基本上是按照科学、技术与社会的三大维度的分类方法进行分类。其次,从其中的信息处理能力的内涵来看,又不仅仅包括信息技术的操作与技能,也包括信息处理的方法等认知层面的内容。所以,综合以上的信息素养具体内容,可以看出,信息素养既包括信息技术基本操作,也包括利用这些操作后去处理信息的方法,还有既包括能力层面,也包括社会责任方面,以及情感态度方面的内容。

根据《普通高中技术课程标准(实验)》(信息技术)对课程目标的具体规定,结合前面对信息素养概念与内涵的综合分析,信息素养主要包含以下几方面:信息技术知识与操作、信息处理的方法与技能、能力培养、情感与态度以及社会责任等五大部分。而能力培养则又具体分为交流、合作、问题解决等能力,同时,信息技术课程也特别注重培养学习者的批判性思维。

信息素养不仅仅是一个单纯的技术方面问题,还有就是认知层面的问题。所以,从信息处理的过程来看,包括了获取信息、管理信息、整合信息、评价信息和创造信息等五大部分。而从信息处理的能力组成要素来说,则包括认知能力和技术能力。技术能力其实指向的是个体使用信息技术设备的操作能力。而认知能力则是一些认知上的能力,比如综合能力、分析能力、决策能力等。而在信息处理能力的上面还有一些高层次能力,比如交流能力、合作能力、问题解决能力和批判性思维能力等。

所谓交流能力,就是指通过信息的交流,来实现人与人之间的互动沟通和理解。在信息社会中,由于通信技术的快速发展,人与人之间的信息交流显得尤为重要。特别是随着社会的转型,社会分工越来越细,个体对他人的依赖也越来越高,人们就迫切需要跟别人进行信息交流以及沟通和交流,从而使得合作才有可能发生。人们在信息社会中需要不断地根据所获取的信息做出各种决策,这就需要倾听他人的意见,与别人沟通交流后才能够做出相对正确的决策。交流能力,不仅仅是会使用信息技术工具就可以的,还需要更高层次的智慧性能力。交流,首先是要学会倾听别人的意见;其次是要学会表达,表达要能够使得自己的观点清晰、准确和符合听众特征地传达出去,信息技术使得表达的方式多样化了。例如,微信,是一种以前从没有过的表达渠道。此外,PPT等演示工具也使得表达的方式更加精彩和准确。交流,是一种人所必备的基本能力,信息技术的到来,增加了交流的途径和方式,人们必须掌握使用信息技术进行交流的能力。

　　信息社会里使得合作能力的重要性更加凸显。合作能力在当今信息社会是一个最重要的能力之一。在竞争激烈的现代信息社会中,学会合作是社会发展的需要、时代的需要。信息社会中,社会分工更加精细化,人们从事着不同的分工,需要配合和合作的机会远远超过以前的任何社会形态。合作能力,不仅仅包含合作的技能和技巧,还包括合作的意识和能力,这些是现代人所应具备的基本素质。现代社会的人倡导把乐于合作、善于合作作为重要的基石。所以,注重培养学生的合作能力是早期教育中必不可少的一项内容,对他们今后取得成功也相当重要。信息技术课程所培养的合作能力,是希望学生掌握使用信息技术进行合作的能力,包括采取恰当的信息技术工具。合作不仅仅是信息技术课程所要培养的能力之一,也是信息技术课程学习的形式之一。

第二节　　小学信息技术课程的发展

　　考察我国信息技术课程发展的不同历史阶段,有助于我们了解信息技术课程的来龙去脉,分析得出影响我国信息技术课程发展变化的深层次因素,从而为我们构建信息技术课程体系提供了有力的事实基础。

一、我国信息技术课程的发展历史

　　1982 年,原国家教委决定在清华大学、北京大学、北京师范大学、复旦大学和华东师范大学等 5 所高校的附属中学开始计算机选修课程的试验工作。自此,计算机课程正式进入了中学,我国的计算机课程正式掀开了大幕,国家发布了多部信息技术课程的课程内容指导性文件,这些文件在某种程度上都是价值选择的结果。

　　关于我国信息技术课程的发展历史,虽然仅仅经历了 30 余年的时间,但是由于内容变化较快,所以有了很多不同发展阶段的分法。由于观察的视角不同,人们关于信息技术课程历史阶段的划分也不尽相同。譬如,如果按照规模来看,就有人划分为起步阶段、逐步发展阶段和全面发展阶段。另外,从不同的信息技术课程内容的观念来看,王吉庆教授将信息技术课程发展阶段分成了 4 个阶段:"计算机文化论"、计算机工具论、"计算机文化论"的再次升温、"信息素养"等。根据信息技术课程的发展不同时期的内容与特点,刘向永等将其分为了 4 个阶段,虽然这种划分也是按照时间维度进行的,但也考虑了信息技术课程内容的变化。

二、起步阶段(1982—1990 年)

1981 年,原国家教委派代表团参加了由联合国教科文组织与世界信息处理联合会在瑞士洛桑举行的第三届世界计算机教育应用大会(WCCE)。根据世界中小学计算机教育发展需求,在听取参会专家意见的基础上,原国家教委于 1982 年做出决定:在清华大学、北京大学、北京师范大学、复旦大学和华东师范大学等 5 所大学的附中试点开设 BASIC 语言选修课,这就是我国中小学计算机课程和计算机教育的开端。随后又有一些学校相继加入这个队伍,到 1982 年年底,共有 19 所中学开展了计算机教育活动。1983 年,原国家教委主持召开了"全国中学计算机试验工作会议",在总结试点学校经验的基础上,制定了计算机选修课的教学大纲,规定了相应的教学内容,也规定了计算机选修课的目标。

我国教育管理机构对信息技术教育的认识是一个不断发展的过程。不同时期所形成的不同观点,做出的不同决策,均和当时世界范围内信息技术教育研究的动向有关。此阶段对信息技术教育的如此认识和决策,除了受到第三届世界计算机教育应用大会的影响外,至少还受到以下几方面的影响。

一是受到我国计算机教育界部分专家提出的"程序设计语言有助于培养和发展学生解决问题的能力"观点的影响。多年来,我国计算机教育界有一批很有声望的专家认为,学习程序设计语言可以培养学生运用算法来解决实际问题的能力,这种解决问题的方式是计算机所独有的,也只有通过对计算机程序设计语言和程序设计方法的学习才有可能获得这种解决问题的能力。他们认为,从某种意义上说,用算法解决问题的能力甚至比数值计算的能力更为重要。因此,这些专家强调在基础教育中学习程序设计语言和程序设计方法是培养全面发展的、能迎接信息化社会挑战的新型人才所必需的,不仅不能削弱,还要加强。尽管现在看来,这种将方法简单为算法、将借助计算机解决问题简单化为使用程序设计解决问题的观点非常狭隘,但是,在当时的背景下,这种认识不失其应有价值,在确定计算机课程的教学内容时,这部分专家的意见起了主导作用。

二是在我国中小学计算机教育发展初期,所装备的机器大量是不带磁盘驱动器的 LASER 310 和 COMX,这些机器不能运行应用软件,只能适应于教授 BASIC 程序设计语言。

三是由于计算机教师队伍处于建设的初级阶段,一时之间不会有足够的计算机专业人员参与这项教育活动,因此,从相近学科中转移部分教师力量成为许多学校的第一选择。于是,中小学计算机教师中的大部分是由数学、物理等学科转行的。这些教师的知识背景也成为决定教学内容的一个重要因素,这些教师很少有机会接受培训来更新知识结构,只能适应教授 BASIC 这种程序设计语言。

1986 年,原国家教委在福州召开了"第三次全国中学计算机教育工作会议",制定了发展我国中学计算机教育的指导方针:"积极、稳妥,从实际出发,区别不同情况,注重实效,在试点的基础上逐步扩大。"并决定在 1983 年制定的教学大纲中增加部分计算机应用软件的内容,如文字处理、数据库和电子表格,并在有条件的地区和学校逐步开展计算机辅助教学,组织力量开发教育软件,课程的目的也相应地包括了计算机应用。对这些应用软件,各地可以根据自身的师资设备条件选用,不作统一要求。为充分提高现有设备的利用率,适当扩大对初中学生进行初级的计算机教育。根据当时的国情，还不能把计算机课作为中小学的基础性学科，只能作为具有较大灵活性的辅助性学科，在具备计算机专、兼职教师，有 10 台以上微机并有专用机房和必要的活动经费等基本条件时，在高中作为选修课，在初中可作为课外活动、兴趣小组或劳技课的学习内容，并初步在小学和初中开展 LOGO 语言教学的试验。

1987 年，原国家教委正式颁布了《普通中学电子计算机选修课教学纲要》。当时计算机应用市场上的专门化的应用软件越来越多，在许多行业形成了一股强劲的计算机应用潮流。在此基础上产生的教学纲要虽然依然是以程序设计语言学习为主导，但适当降低了对程序设计技巧部分的要求，增加了基于专用软件的计算机应用方面的内容，如"了解一种软件的使用方法"。可以看出，此阶段信息技术教育不再仅仅以程序设计为内容，其内容随着计算机应用形态的变化而悄悄地发生着改变。

从 1982 年至 1990 年的一段时间，是我国信息技术教育的起步阶段。虽然这一阶段的部分观念、实践已经成为历史，但是那些点点滴滴的探索经验逐步积累了下来，并在后来的发展历程中继续演绎着。

三、逐步发展阶段(1991—1999 年)

1991 年到 1999 年是信息技术逐步向前发展的 9 年，这一阶段，社会各界对中小学计算机教育的认识和重视程度远远超越了上一个阶段。

1991 年 10 月，原国家教委在山东济南召开了第四次全国中小学计算机教育工作会议。这次会议是建立在我国开展信息技术教育近 10 年取得的经验基础上的。此时，教育管理部门和许多一线教师普遍找到了自信，对信息技术教育有了比较深刻的认识。在这次会议上，原国家教委副主任柳斌作了《积极稳步地发展中小学计算机教育》的报告。报告从提高思想认识、加强领导和规划的宏观角度肯定了我国发展计算机教育的决心,提出了我国中小学计算机教育的发展方针,指出计算机在中小学的普及和提高将是一个很长的历史过程,各地要积极进取、因地制宜、从实际出发,逐步扩大计算机教育的速度和规模,并且向各级党委、政府和各级教育行政部门提出了要办一些实事的具体要求。

济南会议以后,关于计算机教育的一系列举措纷纷出台。1992 年 2 月,原国家教委决定将"全国中学计算机教育试验中心"的名称改为"全国中小学计算机教育研究中心",并明确将该中心作为基教司领导下的计算机教育研究机构。这次更名也说明了信息技术教育从一个以实验尝试为核心的阶段转入以研究与实践为主题的阶段,成为我国信息技术教育规模转型的标志,甚至开启了计算机教育进入小学阶段的大门。

1992 年 7 月,原国家教委颁发了《关于加强中小学计算机教育的几点意见》,8 月成立了由原国家教委柳斌任组长的"全国中小学计算机教育领导小组",并在制定规划、经费投入、师资队伍和教材建设、硬件环境选配、教学软件的开发管理等方面具体细致地规划了我国 20 世纪 90 年代计算机教育发展的蓝图。

1994 年 5 月,原国家教委首次对计算机教育先进工作者和先进集体进行了表彰,这表明国家已经认识到了中小学信息技术教育发展需要一支数量足够、质量合格的中小学信息技术师资队伍。而首批计算机教育实验学校的确立则是后来于1994 年 9 月成立的实验区和示范学校的先声。

根据第四次全国中小学计算机教育工作会议精神,全国中小学计算机教育研究中心制定了《中小学计算机课程指导纲要(试行)》,并由原国家教委基础教育司于 1994 年 10 月正式下发。《中小学计算机课程指导纲要(试行)》对中小学计算机课程的地位、性质、目的和内容有了比较详细的要求,首次提出了计算机课程将逐步成为中小学的一门独立的知识性与技能性相结合的基础性学科的观点。这种认识既符合当时的发展背景,又积极地表达了我国在信息技术教育方面的经验积累与认识的价值。1996年12月,原国家教委颁布《中小学计算机教育五年发展纲要(1996—2000年)》,其中详细规定了到2000年我国中小学计算机教育发展的目标、任务和方针,并对师资建设、教育软件的研发管理、经费投入等重要问题做了规划。

1997年10月,原国家教委颁发《中小学计算机课程指导纲要(修订稿)》,自1998年9月起在全国实行,此纲要是国家对中小学计算机学科教学的基本要求,是编写计算机学科教材和考试的主要依据。

《中小学计算机课程指导纲要(试行)》于1994年才颁发,但事实上是在1991年开始制定的,并以"征求意见稿"的方式向各地发布,到1997年已实施了6年了。期间,计算机技术的发展和应用已有了很大的变化,为适应计算机技术新的发展和应用,需要在保留计算机学科的一些相对稳定的教学内容的基础上,对"指导纲要"做出相应的修改和调整,譬如应增加一些新的教学内容,如Windows、网络通信、多媒体、常用工具软件等;对有些教学内容和教学要求方面如程序设计语言模块、计算机在现代社会中的应用和对人类社会的影响等模块也需要做出调整;同时,整个"指导纲要"的结构也需要修改和调整,以更好地体现计算机学科教学的规律。根据这种要求,原国家教委办公厅于1997年10月15日正式颁布了《中小学计算机课程指导纲要(修订稿)》(以下简称"修订稿"),并于1998年秋季正式实施。

"修订稿"进一步明确了中小学计算机课程的地位、目的、教学内容和教学要求等。其中规定:

小学计算机课的教学应以计算机简单常识、操作技能和益智性教学软件为重点。计算机学科本身的教学内容和课时不宜过多,一般为30个课时,最多也不宜超过60个课时。如果有条件增加课时,建议把教学重点放在计算机辅助教学或计算机应用上。建议在四、五年级开设小学计算机课程。

初中计算机课的教学以计算机基础知识和技能性训练、操作系统、文字处理或图形信息处理为主。一般为 60 个课时,建议在初一或初二年级开设。

在小学和初中阶段不宜教授程序设计语言。如果开展 LOGO 语言教学,应将绘图、音乐等功能作为培养学生兴趣和能力的手段来进行教学。

高中计算机课程要以操作系统、文字处理、数据库、电子表格、工具等软件的操作使用为主。程序设计可作为部分学校和部分学生的选学内容。一般不少于 60 个课时,建议在高一或高二年级开设。

考虑到各地、各校及每个学生在中学阶段学习计算机的起点不同,在相当长时期,初中和高中的教学内容还难以彻底分开,因此,允许有交叉重复。

考虑到我国经济、教育发展非常不平衡,我国中小学计算机课程的内容设置需要有一定的层次和弹性。在"修订稿"中规定的教学内容仍采用"以模块为主,兼顾层次"的方法,各地可根据自身的师资和设备等条件选取不同的模块和层次。

当时的重点之一是计算机辅助教学与计算机辅助管理,主要是开发教学软件、课件和教育教学管理软件,把计算机作为一种工具与教育教学相结合。

值得指出的是,在这一阶段还提出了"把计算机整合到课程中"的观念,建议不能把计算机辅助教学与课程开发分别考虑,应该把它们看作一个整体,目的就是通过学科课程把信息技术与学科教学有机地结合起来,将信息技术与学科课程的教与学融为一体,将技术作为一种工具,改变传统的教学模式,提高教与学的效率,改善教与学的效果。例如,在数学课程中要加入利用计算机进行计算的内容,甚至包括一些程序设计内容,等等。主要强调的是通过计算机辅助教学等应用,培养学生计算机意识、计算机的操作能力以及计算机的应用能力,将计算机辅助教学有机地结合到中小学各个学科的具体教学过程与各门学科的具体课程中去。可以说,在学校中广泛应用信息技术以使学习者有一个学习信息技术的环境与氛围,是对信息技术根本价值认识的一次飞跃,是信息技术根本属性的更充分彰显。但是,令人始料不及的是,这种思想在后来的信息技术课程建设过程中一度产生了严重的消极作用。

这一阶段的教学内容中包括了文字处理、电子报表处理、数据库、计算机辅助设计、图像处理、计算机辅助教学与计算机管理教学等应用程序的使用介绍。尽管这一阶段仍然受到前述"计算机文化"观念的影响,但是它实质上已经转变为以培育学生熟悉与熟练运用计算机作为解决问题的工具为主要目标,认识到了计算机与信息技术作为一种工具的特点,所以教学内容是以信息技术的通用工具软件的操作与应用方法为基础的。因此,这一个阶段,是计算机作为基本工具逐步走向大众的阶段,也是对以计算机技术为主的信息技术的价值、意义以及它对教育的影响的认识发生阶段,因此是一个既兴旺发展,又不断有观念冲突的阶段。所以,这个阶段的特征是除了计算机单独设科并逐步成为一门必修课程以外,以计算机辅助教学和辅助管理为主的计算机普及应用已经开启了课程整合的思想。

1999 年 6 月 13 日,中共中央、国务院在《关于深化教育改革全面推进素质教育的决定》中要求"重视培养学生收集处理信息的能力"(第四条)和"在高中阶段的学校和有条件的初中、小学普及计算机操作和信息技术教育"(第十五条)。教育部在 1999 年 11 月 9 日制定的普通高中新课程方案中,将信息技术作为必修课纳入课程计划之中,《全日制普通高级中学课程设置及其说明》中对信息技术课的选修部分做了适当的调整。1999 年 11 月 26 日,教育部基础教育司发出《关于征求对〈关于加快中小学信息技术课程建设的指导意见(草案)〉修改意见的通知》。上述几个文件,是在国家文本的层面上,首次明确提出信息技术课程(教育),开始了计算机课程向信息技术课程的转变。

20 世纪最后近 10 年是计算机学科教育、计算机辅助教学和辅助管理日益走向成熟的 10 年,这 10 年的波澜起伏孕育着 21 世纪初信息技术教育全面发展时期的到来,为以信息化带动教育现代化、实现基础教育跨越式发展做了理念和实践的铺垫。与此同时,信息技术课程在开设过程中也遇到了一些问题,诸如对信息技术课程的教学目标、教学内容、教学对象、教学方法等各要素的认识都陷入了困惑。但是,适合中国国情的中小学信息技术课程就是在解决中国信息技术教育实际问题的过程中诞生和不断发展的。

四、全面发展阶段(2000 至今)

21 世纪初是我国信息技术教育全面发展,以信息化带动教育现代化,实现基础教育跨越式发展的新时期。下面就从我国 21 世纪以来召开的有关信息技术教育会议和发布的文件来了解我国信息技术教育最近几年的发展状况。

2000 年 10 月 25 日至 27 日,在北京召开了"全国中小学信息技术教育工作会议",这次会议是中小学信息技术教育发展中的一个里程碑。从此,我国中小学信息技术教育迈入了一个快速发展的崭新阶段。例如,信息技术课程、信息技术与课程整合、网络学习等领域都发生了巨大的变化。

会议印发了《关于在中小学普及信息技术教育的通知》《关于在中小学实施"校校通"工程的通知》和《中小学信息技术课程指导纲要(试行)》(后文简称"2000 年纲要")3 个重要文件。

本次会议决定,从 2001 年开始,用 5～10 年的时间,在中小学(包括中等职业技术学校)普及信息技术教育,全面启动中小学"校校通"工程,用 5～10 年时间,使全国 90%左右的独立建制的中小学校能够与互联网或中国教育卫星宽带网联通,以信息化带动教育的现代化,努力实现基础教育的跨越式发展。具体目标是 2005年年前,争取东部地区县以上和中西部地区中等以上城市的中小学都能与互联网联通,西部地区及中部边远贫困地区的县和县以下的中学及乡镇中心小学与中国教育卫星宽带网联通;2010 年年前,争取使全国 90%以上独立建制的中小学校都能与互联网或中国教育卫星宽带网联通,条件较差的少数中小学校也可以配备多媒体教学设备和教育教学资源。"校校通"工程的最大作用在于极大地调动了各级各类教育机构和各种社会力量对中小学信息基础设施建设的热情,在最大范围内整合各种可利用的社会资源。

会议还决定将信息技术教育课程列入中小学生的必修课程,并指出,中小学信息技术课程的主要任务是:"培养学生对信息技术的兴趣和意识,让学生了解和掌握信息技术基本知识和技能,了解信息技术的发展及其应用对人类日常生活和科学技术的深刻影响。通过信息技术课程使学生具有获取信息、传输信息、处理信息和应用信息的能力。"

在下发的文件中,不仅指出了当前信息技术教育工作的指导方针,而且明确地制定了在中小学开设信息技术必修课的阶段目标、"校校通"工程的具体目标以及中小学信息课程的任务和教学目标。文件中还详细地规定了实施中小学信息技术教育的具体措施和课程内容安排等方面的内容。

在提到深化教育改革、为实施素质教育创造条件中提到大力提高教育技术手段的现代化水平和教育信息化程度。国家支持建设以中国教育科研网和卫星视频系统为基础的现代远程教育网络,加强经济实用型终端平台系统和校园网络或局域网络的建设,充分利用现有资源和各种音像手段,继续搞好多样化的电化教育和计算机辅助教学。在高中阶段的学校和有条件的初中、小学普及计算机操作和信息技术教育,使教育科研网络进入全部高等学校和骨干中等职业学校,逐步进入中小学。采取有效措施,大力开发优秀的教育教学软件。运用现代远程教育网络为社会成员提供终身学习的机会,为农村和边远地区提供适合当地需要的教育。

全国中小学信息技术教育工作会议,对于实现我国的教育现代化意义重大,对我国的基础教育也必然产生深远的影响。2001年6月,召开了全国基础教育工作会议,会议再次强调了"教育信息化"的政府支持力度,提出"全国乡(镇)以上有条件的中小学基本普及信息技术教育"。

2001 年 6 月,教育部颁布《基础教育课程改革纲要(试行)》,规定:"从小学至高中设置综合实践活动并作为必修课程,其内容主要包括:信息技术教育、研究性学习、社区服务与社会实践以及劳动与技术教育。"

2001 年下半年启动普通高中课程标准的制定,在此过程中逐渐地明确了将信息技术作为一个独立的科目。《普通高中技术领域(信息技术)课程标准(实验稿)》(以下称高中信息技术课程标准)于 2003 年 1 月 6 日通过审议,并于 3 月 31 日发布,这使得我国的信息技术教育又进入了一个新的发展阶段。作为有重要价值和意义的信息技术课程,必须体现课程改革思路,超越单纯计算机技术训练,发展为与社会需求相适应的信息素养培养的教育。也就是说,高中信息技术课程标准应把提升学生的信息素养作为核心目标,也就意味着信息技术教育不仅仅是技术教育,更本质的是素养教育,以提高一个人的素养作为根本的教育目标,这也是本次新课程改革的主旋律。因此,在高中信息技术课程标准中提出课程设计坚持如下三点:第一,信息技术应用能力与人文素养培养相融合的课程目标;第二,符合学生身心发展需求的课程内容;第三,有利于学生全体发展与个性发展的课程结构形式。

五、我国小学信息技术课程发展变化的特征

从最初的计算机文化论,到计算机工具论,再到信息素养论,从只在高中开设选修课程,到目前的小、初、高全部开课,信息技术课程从计算机课程走来,经历了许多的变化,小学信息技术课程也从自然而然地产生着改变。在近 30 年的发展变化中,我国的小学信息技术课程的变化呈现了以下几个特点。

(一)小学信息技术课程的内容不断地得到丰富和发展

在近 30 年的发展变化过程中,虽然信息技术课程从最初的注重程序设计,到

注重应用软件,再到注重信息处理,经历了主要内容的发展变化,但是从信息技术课程体系的角度来看,还是在不断地丰富和发展。从 1984 年的《中学电子计算机选修课教学纲要(试行)》规定的计算机选修课的目标来看,只是规定了主要学习的内容,并无太多的价值扩展。而到了 1994 年的《中小学计算机课程指导纲要(试行)》中规定的目标来看,就显得丰富和立体化了,并不仅仅规定需要掌握计算机的基本操作,还包括使用计算机时的道德品质教育,以及培养兴趣等,更为丰富。到了 2003 年,《普通高中技术课程标准(实验)》(信息技术部分)对于课程的规定就显得更为丰富和立体化,比如,课程标准虽然明确提出了提升学生的信息素养,却仍然把课程目标具体化,特别分成了知识与技能、过程与方法、情感态度与价值观 3 个层面,总共包含了 11 条具体目标,更为详细地对信息技术课程的目标进行了描述,也在某种程度上确定了课程的价值。所以,从我国的信息技术课程的发展变化来看,不断地丰富和发展是一个很大的特点。

(二)受西方影响的痕迹较重

自从 1981 年参加第三届世界计算机教育大会以来,我国的每次小学信息技术课程的变革,其实都带有很明显的受西方影响的痕迹。从计算机文化论开始,"程序设计是第二文化"的口号自然而然影响着国内的学者,再到工具论的出现,也是受到西方的观点的影响,再到"信息素养论"的引入,更是国外的理论在国内的应用。当然,我们提出信息技术课程受西方的影响,其实并不是完全地持否定的态度,由于我国的经济和科技的落后,自然在信息技术课程的理论研究层面就显得薄弱一些,与世界先进经验接轨,也是我们迅速成长的捷径之一。但是,由于西方的政治、经济和文化与我国有非常大的差别,所以,西方的理论容易显得水土不服。特别是在当下,我国的信息技术课程有了一定的发展基础和理论研究队伍,提出自己的理论构想,就显得更为重要。

（三）技术的发展成为影响信息技术课程变化的根本因素之一

技术的发展在深刻地影响着信息技术课程的发展变化，从最初的单机，到后来的网络技术，直接影响着信息技术课程从只注重程序设计到如今注重信息处理。技术的发展使得我们看待技术也在发生变化，不仅仅把它当成一个工具来看待，而且从它所引起的社会、经济、文化的变化来看待技术。作为信息技术课程的核心内容，技术自身必然会影响着课程价值的走向。但是，技术取向却一直受到信息技术课程研究者的诟病，人们就觉得不能够仅仅局限于教授技术操作，而需要更深层次地发展其内涵与价值，所以，技术的发展虽然是影响信息技术课程的最重要因素之一，却不能够成为唯一的因素，我们要从更高的视角去看待技术的价值，从而使得小学信息技术课程的属性不仅仅具有技术的色彩。

第二章　小学信息技术课程内容与教材编写

第一节　信息技术课程内容选择的原则

信息技术课程内容的选择首先需要考虑相应的依据与原则。课程内容的选择需要从学生发展的需要、社会发展的需要和学科性质本身 3 个维度上加以考虑。本节主要介绍课程内容的意义、信息技术课程内容选择的依据和原则。

一、课程内容的意义

课程内容的意义如何解释,是直接影响课程内容的选择范围和呈现方式的问题。自小学信息技术课程作为一个独立的研究领域以来,对课程内容的解释大多围绕着几种不同的取向展开:课程内容即教材,课程内容即学习经验,课程内容即学习活动。课程内容选择的不同取向,体现了不同的教育目的观。从课程内容 3 种取向特点的分析中可以看出,每一种课程内容取向都有各自的合理性,也都存在着一定的局限性。因此,现代课程理论的发展,倾向以比较广义的方式理解课程内容,即不只是局限于其中的某一种取向,使它们之间对立起来,而是辩证地考虑与处理这几方面的关系,使课程内容的内涵兼顾学科体系、学习活动、学习经验和学习机会等这几方面的因素。

二、信息技术课程内容选择的依据

信息技术课程内容的选择,受到多个方面因素的影响,比如社会需求、学生发展等方面的因素影响。但是,课程内容的选择是一个价值判断的过程。何种知识有价值或者没有价值,必然有一定的标准和依据。所以,小学信息技术课程内容选择的依据主要应该包含以下 3 个方面的因素,3 个因素综合起来才能够选择出最好的信息技术课程内容。

(一)小学生的需要、兴趣与身心发展水平

课程的一个基本职能就是要促进学生的发展,因此,小学信息技术课程内容的选择应该关注小学生的需要、兴趣、身心发展的特点等。学生的发展是信息技术课程内容选择的重要考量维度。

信息技术课程内容的选择之所以强调学生的需要,是因为家庭和社区中的日常环境,通常都为学生提供了相当大一部分教育方面的发展,学校没有必要重复校外已经充分提供的经验。此外,学生的身心发展水平和特点决定了其对课程内容的接受程度,因此在内容选择过程中,就需要根据学生的特点确定内容的深度、广度、难度。

(二)社会发展需要

学生个体的发展总是与社会的发展交织在一起。"教育是为学生的未来做准备的。"因此,在选择课程内容时,就必须考虑现实社会与未来社会的需求,使学生在未来的公民生活中能有所作为。社会需求是学校教育课程的主要构成要因之一。信息技术课程的内容选择就必须考虑到学生适应未来信息社会所必须具备的素质与技能。

　　当然,在考虑社会的发展需要方面,不能单纯考虑现存社会的需要。教育是为未来社会培养公民,因此,如果仅仅从现存社会的需要出发选择课程内容,不可避免地会出现人才培养滞后于社会发展的问题。教育应该先行,应该适度超越现实社会。课程内容的选择不可忽视公民适应社会发展所必需的素质。而人类社会已经进入了信息社会,若想成为信息社会的合格公民,学生们就必须掌握适应信息社会发展的信息技术技能。信息技术课程的内容选择就必须把培养学生成为信息社会合格公民作为重要目标。

　　(三)学科内容本身的性质

　　课程内容的选择必须考虑学科内容本身的性质。信息技术日新月异,在短短的几十年内,信息技术发生了巨大的变化。信息技术的不断快速发展也使得信息技术课程内容必然随之有所变化。在课程内容选择中,考虑学科内容本身的性质时,我们需要考虑内容的重要性、实用性和正确性等。课程内容的重要性在知识爆炸的时代里,对于课程内容的选择具有相当大的说服力。但何谓重要呢? 可有以下几项判断:第一,它是知识和文化中最基本的成分;第二,它是应用性和迁移力最大的成分;第三,它属于探究方法和探究精神的成分。课程内容的实用性是指课程内容在实际生活中有用。课程内容的正确性,可以由 3 个层面来判断:第一,课程内容的选择,必须避免错误的事实、概念、原则、方法,这是最基本的;第二,课程内容必须反映尖端知识的发展,陈旧的内容应该排除在课程之外;第三,人类的知识、文化、价值、理想,有许多不能断言是对或是错的,对此课程内容选择必须采取多元标准判断内容的正确性,将不同的现象呈现出来。

三、信息技术课程内容选择的原则

　　信息技术课程内容的选择必须综合考虑以上影响因素,才有可能设计出尽可能优化的课程。根据课程理论上有关课程内容选择的原则,以及考虑信息技术课程的独特点,信息技术课程内容选择需要依照以下原则。

(一)必须以信息技术课程目标为主要依据

信息技术课程目标是信息技术课程与教学的基本依据。信息技术课程内容的选择虽然受到很多因素的影响,但是首要考虑的是课程目标。这是因为课程目标作为课程编制其他各个阶段的先导和方向,作为对学习者的理想期望,是专家、学者、教师等经过周密思考,认真研究了社会、学科、学生等不同方面的特点与需求的结晶。所以,信息技术课程内容的选择必须合乎信息技术课程目标。

(二)必须适应学生的需求和兴趣

基础教育课程改革倡导课程促进每位学生的发展,信息技术课程内容无论如何选择、如何设计、如何实施,最终的一个目的是使学生的潜力得到最大限度的发挥。在信息技术课程内容的选择上,必须关注小学生的兴趣、需求和能力,并尽可能与之相适应,这不仅有助于学生更好地掌握课程知识,还有助于他们对学校学习形成良好的态度。

(三)注重内容的基础性和发展性

小学信息技术课程作为学生终身发展需要的基础性课程,其内容的选择需要关注信息技术的基础性,如信息技术相关的基本概念、基本操作,信息的收集、整理、应用、发布,简单的电子作品的制作,信息伦理道德教育等。但也要关注信息技术的发展性,毕竟学校的教育不能脱离学科的发展,也要把最先进的信息技术适度地引入课堂学习中。

（四）应该贴近社会生活和学生生活

众所周知，只有与社会生活、学生生活紧密联系的课程内容，才能真正成为学生兴趣所在。信息技术已走进人们的日常生活，渗透到社会生活的每一个角落。社会生活需要信息技术，人们的信息技术也需要在社会生活中得以发展。相反，信息技术与社会生活相脱离，使信息时代、信息社会失去意义，信息技术教学仅仅局限在课程、课本和学校，割裂与社会的联系，也就不可能深刻理解信息技术的作用。因此，运用信息技术解决生活中遇到的问题，学会利用信息技术进行学习，能够为学生走向信息化社会，实现终身发展打下良好的基础。信息技术的运用将实现学生个体与社会信息的重组与统一。同时，通过信息搜集、比较、概括等方法扩展、增殖信息，并在信息扩展与增殖的过程中，培养学生的信息素养。所以，信息技术课程内容要回归学生的生活世界，关注学生的真正生活，使学生能够获得真实的生活体验。

第二节　小学信息技术课程内容体系的构建

通过分析国际上中小学信息技术课程内容的现状，结合小学信息技术课程内容构建的依据和原则，提出了小学信息技术课程内容的建议。

一、国际上中小学信息技术课程的内容

中小学信息技术课程内容是什么？综合各国内容，我们发现包括计算机科学在内的信息科学内容，培养信息社会公民责任的信息社会学课程在中小学信息技术课程中的比重不断加大，原本以信息技术内容为主线的课程变得更加丰富起来。随着信息技术的不断普及，社会政治、经济、文化等方面发生巨大变化，一些信息社

会问题变得突出,相关引导学生符合伦理、遵守法律、负责任地使用信息等信息社会学内容开始丰富起来,如日本高中信息课程中的新变化。信息技术需要科学为技术提供新的"技术原理",信息技术的这样一种发展特性,使得信息科学变得格外重要,如英国 Computing 课程、美国 ACM 的中小学计算机科学标准中对计算机科学的强调。可以说,国际中小学信息技术课程内容总的趋势是向着 STS(信息科学,即 Information Science;信息技术,即 Information Technology;信息社会,即 Information Society)的架构不断丰富的。

中小学信息技术课程内容是一个动态发展的过程。国际比较表明,它从计算机课程走来,现在一些国家的课程中信息社会学、信息科学的成分不断加强,也就是说,走向信息或信息学(STS)教育是一个大趋势。

根据各国信息技术课程的主要内容,分为工具/应用/解决问题、终身学习、创新/创造、整合/结合、表达/交流/沟通和伦理/道德等。通过对欧盟的分析,发现学习文字处理和电子表格等的正确处理和学习在网络上搜集信息两项内容是整个中小学阶段信息技术课程的最重要的内容,不论什么国家,不论什么阶段都开设有这两个方面内容的课程,但是在小学阶段,开设关于程序设计方面的内容的课程很少,到了高中一些国家陆续地开设了程序设计的内容,同时各国国家都在开设有关通过网络进行交流的课程,可见网络在整个信息技术课程中的重要性。

考察世界一些发达国家的信息技术课程内容,发现信息技术课程已经从原来的程序设计为主,转为以实际的信息处理技术为主,目前又逐渐向传播技术转移;从以前的学习语言为主,转为学习应用信息技术工具和信息资源解决实际问题的能力。从技术上来说,更加侧重应用程序的使用学习和网络信息技术的学习;在技能上来说,则更加注重问题解决能力和决策能力的培养,同时更加注重学生的伦理道德的教育,培养学生适应信息化社会的态度。所以,从整体上说来,一些发达国家的信息技术课程,更加注重培养学生的实践能力。

二、小学信息技术课程内容构建要求

小学信息技术课程的内容体系构建需要依据小学生的心理和生理特点、课程学习的目标等为依据。

(一)小学生身心发展特点

1. 感知、注意、记忆的特点

小学生从笼统、不精确地感知事物的整体渐渐发展到能够较精确地感知事物的各部分,并能发现事物的主要特征及事物各部分之间的相互关系。小学生的注意力不稳定、不持久,且经常与兴趣密切相关。小学生的记忆最初仍以无意识记、具体形象识记和机械识记为主。

2. 想象、思维的特点

小学生的想象从形象片段、模糊向着越来越能正确、完整地反映现实的方向发展。低年级的小学生,想象具有模仿、简单再现和直观、具体的特点,到中高年级,他们对具体形象的依赖性会越来越小,创造想象开始发展起来。小学生的思维从以具体形象思维为主要形式逐步向以抽象逻辑思维为主要形式过渡,但他们的抽象逻辑思维在很大程度上仍是直接与感性经验相联系的,具有很大成分的具体形象性。

3. 情感的特点

随着年龄的增长,小学生的情感也逐渐变得更加稳定、丰富、深刻了。低年级小学生虽已能初步控制自己的情感,但经常有不稳定的现象。到了小学高年级,他们的情感更为稳定,自我尊重,希望获得他人尊重的需要日益强烈,道德情感也初步发展起来。

4. 意志的特点

小学生的身体各器官、系统都生长发育得很快,他们精力旺盛,活泼好动,但同时他们的自制力还不强,意志力较差,所以遇事很容易冲动,意志活动的自觉性和持久性都比较差,在完成某一任务时,常是靠外部的压力,而不是靠自觉的行动。

5. 性格的特点

小学生的自我意识在不断发展,自我评价的能力也不断有所增长。随着年龄和见识的增长,他们已经不再完全依靠教师的评价来估计自己,而是能够把自己与别人的行为加以对照,独立地做出评价。因而在小学阶段进行有效的教育,使学生形成良好的性格是非常重要的。

(二)小学信息技术课程内容构建要求

1. 认识信息的特征、基本形态,意识到信息在日常生活和学习中的重要价值

(1)联系生活实例,感知信息的存在,知道其作用。观察和列举日常生活、学科学习和其他综合实践活动中信息技术的常见应用,能讨论这些技术应用带来的利弊。

(2)知道信息有多种来源,尝试根据信息需求从多种渠道获取信息;逐步形成理性认识信息价值、敏锐捕捉有用信息、主动获取相关信息、甄别筛选正确信息、共享交流有益信息的良好信息意识;初步形成判断和使用健康信息、主动抵触不良信息的信息道德判断能力。

(3)了解关键词及其意义,积累提取关键词的经验,使用搜索引擎查找网络信息。能对收集的信息做有用性和时效性上的判断,对信息进行初步筛选。

2. 形成运用计算机处理信息的基本能力

(1)能够说出计算机基本的输入、处理、输出设备的名称,认识常见的计算机

外部设备;初步掌握使用键盘和鼠标器操作计算机的基本方法;能够根据需要创建文件夹保存文件,并学会给文件夹和文件进行有意义的命名。

(2)通过打字任务或简单的游戏,熟悉计算机的基本操作,熟练操作常用输入输出设备。

(3)能在实际操作的基础上,总结利用计算机输入、存储、加工、输出信息的基本流程;借助自己获取、加工信息的经验,体验计算机在处理信息方面的优势,知道计算机是现代信息技术的核心。

3. 学会利用信息技术工具收集与处理信息

(1)能根据学科学习和其他活动需要,分析所需的信息及其类型,讨论确定合适的信息来源(如他人、书籍、报纸杂志、光盘、录像、电视、因特网等),学会从不同信息来源搜集资料的方法(如实验、调查、访谈等)。对信息搜集过程进行一定的规划,初步形成信息需求分析的意识和习惯。

(2)学会利用常用设备(如数码相机、探测器、扫描仪、录音机等)获取第一手的数字化信息,或利用常见信息技术设备对传统介质的信息进行必要的数字化转换。

(3)学会利用计算机输入和存储资料;学会利用计算机的资源管理功能对文件资料进行合理的分类整理、建立以及重命名文件(夹)文件、保存文件等,能迅速查找和提取自己计算机内存储的信息;通过比较和实际体验,感受对信息进行数字化编码、存储和管理的优势。

4. 学会使用常用技术工具发布信息

(1)熟练掌握键盘操作方法,并学会使用一种中文输入法。

(2)学会使用一种计算机画图软件,设计并绘制图形,并能对图片素材进行修改、调整等处理。

（3）学会使用一种文字处理软件处理文字信息，开展写作。能够在文档中对文字进行插入、删除、分段等简单编辑。

5.学会利用信息技术工具进行交流

（1）了解因特网的构造、服务，能够使用因特网搜索、浏览和下载信息，体验超链接在网页中的作用。

（2）能利用电子邮件、BBS、即时通信等网络交流工具传递信息以及开展学科学习和研究性学习。

（3）学会使用网页制作软件，规划、设计、制作、发布简单的网站，通过网站共享信息、发表看法、发布成果、交流思想，支持合作探究或其他有意义的社会活动。

（4）能观察和讨论网络交往中产生的法律、法规和道德问题，在使用网络与人交往时，能遵守相关的法律、法规和网络礼仪；能结合实例，讨论网络应用对个人信息资料与身心安全的潜在威胁，形成网络交往中必要的自我保护意识，知道不恰当的网络应用和网络交往用可能产生的后果。

第三节　小学信息技术课程教材编排

国内的信息技术课程内容，经历了从程序设计语言，到信息技术应用工具，再到信息素养培养的发展历程。小学信息技术课程教材的编排也不可避免地受其影响，如何科学地编排小学信息技术教材，对小学信息技术课程的实施至关重要。

一、信息技术课程教材编排分类

华东师范大学王吉庆教授分析总结了有关的信息技术教材后，认为信息技术课程内容的遴选方面，大致有如下3种类型：以信息技术学科知识的传播进行组织编排；以信息技术的各种应用为主线进行编排组织；以一系列的信息处理任务为主线进行组织编排。

（一）以信息技术学科知识的传播进行组织编排

信息科学技术本身有其学科的知识体系,其传播需要根据学生认知发展规律进行,因此信息技术教材内容的遴选着重于学科知识,力图使学生能够不但知其然,而且知其所以然。内容编排上则强调系统性,按照学科分类来划分章节。这样的教材对于计算机教育学科毕业的教师来说,符合他们学习认知的过程,容易接受作为教学所使用的教学资源。其根本的问题是许多教材尽管注意了深入浅出的解释,但是着重于知识的传播,评价的标准通常也是对信息技术知识的理解与记忆。同时,由于现在的《中小学信息技术课程指导纲要(试行)》是从过去的《计算机教育课程指导纲要》发展而来的,部分教材则延续了计算机学科的体系,甚至连章节的题目也仍然是"用计算机……",信息技术的体系没有体现出来。

（二）以信息技术的各种应用为主线进行编排组织

这是一种能力为本的内容遴选方式,它把能力的重点放在信息技术的技能上,面向社会对学习者的要求而进行内容遴选与编排。从计算机是一种广泛应用的工具的理念出发,通常,课程设计人员与教材编写人员根据目前社会上信息技术应用的广泛程度确定其在教学内容体系中的位置,然后,按照学习者的认知发展规律进行选择与编排。这样的教材有利于学以致用,学习者可以马上使用信息技术于自己的学习、生活中。困难在于,一方面,信息技术硬软件的更新迅速,应用工具不断出现,目前广泛应用的知识等到学习者完成学业时可能已经应用不多了,有的甚至到教材发行时就应用不多了,因此内容遴选永远是不稳定的;另一方面,内容的完备性、系统性很难达到,特别是评价学习者的学业成就时,容易偏重具体软硬件的操作能力,部分教材成为一系列硬软件的使用说明书。应该指出的是,2000 年的

《中小学信息技术课程指导纲要(试行)》规定的目标与任务明确的是能力为本的教育理念,而不少教材的内容遴选则是知识为本与工具为本的综合表现,是不妥当的。

(三)以一系列的信息处理任务为主线进行组织编排

这仍然是能力为本的内容遴选方式,但是对于信息能力的理解着重利用信息技术处理完成各种任务的能力上。教学内容遴选人员和教材编写人员在学生所熟悉与希望了解的环境中,遴选各种不同的信息处理有关的问题,以一系列的信息处理任务来组织教材内容。这样的内容遴选方式选择的教学内容是学习者有兴趣的和熟悉的内容,着重于学习者信息能力的提高,特别是注意了应用信息技术解决实际问题的过程的教学,有利于学习者解决实际问题能力的培养,符合目前教育理念发展趋势。但是,由于学习者环境的多样化,他们感兴趣的问题变化与发展很难在教材编写时就能够预计到,内容的遴选比较困难,许多教材的案例选取具有过分明显的地方特色或个人特点,难以在比较大的范围内推广。另外一个需要研究的问题是建立如何评价学习者信息能力的方法与标准的体系。

二、国内小学信息技术课程教材分析

国内义务教育信息技术课程虽然统一按照《中小学信息技术课程指导纲要(试行)》进行,但是由于各地信息技术教育发展不平衡,各地信息技术教育条件差异性较大,所以,各地的信息技术课程内容也就呈现出了多层次的特点。而教材是信息技术课程内容的载体,研究信息技术教材,就很容易得出信息技术课程内容来。人民教育出版社的郭芳老师对不同省区市编写出版的教材进行了初步的调查,并从中筛选出有代表性的几套进行深入分析。分析表明,通过对现行教材的统计与分析,目前国内义务教育信息技术课程内容具有以下特点。

（1）知识点均有不同程度的重现，一定程度上体现了螺旋上升，但也存在简单重复。从表面上看，知识重现是教材按照螺旋式编排的特征之一，而从根本上看，这种重现必须是在学生原有知识基础上的提升、综合和拓展。多数教材通过基于内容模块和基于知识点的螺旋上升编排体现了这一设计理念。然而，一些教材也存在不必要的简单重复，表现为简单操作重复过多、个别概念重复过多、综合活动步骤类似等问题。

（2）注意到了信息技术的学习要立足于操作实践，但力度仍显不够。操作实践是信息技术课程的主旋律，多数教材的多数知识点都对应多个操作点，体现了基于学生操作实践的理念，也是"以学生为主体，以教师为主导"教学结构思想在信息技术课程中的充分体现。但也有一些教材不重视操作实践活动的设计，仍然一味强调学科知识的系统传授，学生的操作实践明显不够；相反，也有一些教材安排的操作点过多，造成学生课上忙于应付琐碎的操作任务，影响知识的理解和深化。

（3）操作过程和方法的介绍详略不一，内容灵活性过强。一些教材用列出操作步骤的方法对操作过程和方法做了详细的介绍，力图让学生能够用"边看书边操作"的方法学习有关的知识与技能，内容的开放性较差；一些教材以主题活动展开学习内容，在提出活动任务后，只概括地提出目标要求以及对要点和难点的简单提示，不具体规定方法和步骤，虽然有利于培养学生的自我开拓精神和自我构建能力，但学习难度较大。尤其是拓展模块，不同教材选取了不同的学习内容，主要表现为选取了不同知识模块的内容、同一内容涉及的软件不同、同一内容模块涵盖的知识点不同以及内容的深度和广度差异较大等。

（4）注重以综合实践活动展开教学内容，但活动任务缺乏有效的教学设计。多数教材的综合实践活动表现为隐性设计或显性设计。从表面上看，隐性设计仍然以知识结构、信息处理过程、信息技术应用等为线索，而实际上一个单元的内容构成了一个综合活动，教材通过引导学生综合运用所学的知识、方法，完成分解开来的各个任务。显性设计表现为以主题活动的实践过程为线索、以某一主题的知识为载体、以信息技术应用为手段展开学习活动。深入分析发现,无论是显性活动还是隐性活动,一些教材在活动任务设计上仍缺乏有效的教学设计,存在"为活动而活动,为任务而任务"的现象。

(5)对情感态度与价值观目标维度的处理方式不一。多数教材没有用独立篇章呈现情感态度与价值观的内容,而是在知识与技能学习过程中,从细节入手,以逐步渗透的方式,引入有关信息文化、信息伦理道德、信息安全、信息习惯等相关内容,把学生情感态度与价值观的培养,转化为由知识与技能的学习过程承载的启发、渗透和感染的过程,并力求使之成为教与学的灵魂。但少数教材忽视了这一目标维度的设计,把视点集中于知识与技能的传授。

三、小学信息技术教材编写建议

小学信息技术教材的编写应该考虑课程设置的实际情况和小学各年级学生的心理特点和小学教育的特殊性,小学信息技术课程一般有以下 3 个显著特点:

(一)每课时容量有限,但总课时数不少

小学阶段每节课时间一般是 40 分钟,每周 1 个课时。因此,每节课的教学内容不可能很多,也不可能很复杂。但从三年级到六年级都开设有信息技术课,以每学年 30 个课时计算,4 个学年就有 120 个课时,超过《中小学信息技术课程指导纲要》中规定的课时数。

(二)学生学习兴趣浓厚,但遗忘率较高

小学生天性爱玩,好奇心比较强,对玩计算机的兴趣普遍比较高,从而对信息技术的学习兴趣也比较浓。但由于周课时数较少,往往上一节课学习的内容,到下

一周学习时,能回忆起来的很少。因此,信息技术课也是小学各科中遗忘率较高的课程之一。

(三)学生的差异和分化开始显现

小学信息技术虽然基本上都是三年级开始开设的,但由于社会和家庭的计算机普及程度不同,有的学生从幼儿园就开始玩电脑,上网、画画、写作等在学前就已学会,而有的学生只有在学校里才有机会接触计算机,导致学生在信息技术起始学习时就有差异。因此,小学信息技术教材的编写要注意以下几点:

1. 教材容量要符合课时量的要求,难度要符合不同层次学生的认知水平

一般地,教材的容量可以按每学期 15 个学时安排,每课时的内容可以有效学习 35 分钟为基数安排。这样可以照顾到各层次学生的需要,同时尽量有明确的、可测量的任务,便于教师对学生的学业进行评价。考虑到学生学习能力的差异,可以在每课时安排扩展性任务,让学有余力的学生进一步学习提高。

2. 概念与原理性的知识要用通俗易懂、趣味性的方式呈现

考虑到小学生的认知水平和心理特征,对信息技术概念与原理性的知识呈现力求避免理论性强的方式表述,而要配备必要的图解加以说明,或者利用图示举例等方式,通俗易懂,同时要体现童趣,力求简明,易于理解。

3. 以任务的方式来编排教材,小任务与大任务相结合

"任务驱动教学法"是小学信息技术课程教学应用最广泛的教学方法之一。在小学信息技术教材编写中,以任务的方式组织教材各章节内容,既新颖又富有趣味性,便于激发学生的学习兴趣,让学生每节课都有所收获,都有成就感。但在实际教学中,一方面,由于小学每节课只有 40 分钟,除去教师讲解、演示的时间,学生真正能实践操作的时间一般在 20~30 分钟,因此在一节课中,学生往往只能完成

一个比较简单的任务,而且作品质量也不会太高;另一方面,任务太简单,与实际应用的联系也比较困难,学生最多只能学会软件操作方法,而不会如何运用软件来解决实际问题。因此,从培养学生解决问题的能力角度来看,又需要让学生做一些相对比较大的任务。在每个模块结束时,教材要安排一个综合性的大任务,让学生综合应用知识,解决实际问题。随着年段的增高,每课的任务的难度可以适度加大。

4. 技术与应用要同时兼顾

教材按照任务的方式编写,并不意味着不用介绍各种操作技能。技术是为应用服务的,而应用则是围绕技术的掌握而展开的。小学信息技术是小学生打基础的阶段,学生有了扎实的信息技术技能基础,才有可能实践和创新。因此,教材编写时,一些必要的技术,包括硬件和软件,该写的还是要写清楚,一些技能技巧该教的还是要教,要避免为了不让教材变成软件说明书而不写软件的操作技巧的情况出现。技术学习完全可以伴随着应用而展开,使学生在学习技术时就能体会到这种技术的作用,能够逐步领会在生活和学习中应用。

第三章 小学信息技术课程的教学设计

第一节 小学信息技术课程的特点及其教学原则

小学信息技术课程有其固有的特点,其教学实践也必然有其特殊性,研究其特点及其教学原则,是小学信息技术教学设计与课堂组织的重要依据。

一、小学信息技术课程的特点

作为一门面向小学生的课程,小学信息技术课程有其特殊性,归纳起来有以下特点。

（一）综合性

小学信息技术课程是一门知识性与技能性相结合的基础文化和基础工具课程。该课程的主要任务就是培养学生掌握运用信息技术工具的能力,培养并保持信息技术的学习兴趣,并与当前的学习生活相结合。这就是说,该课程是与学生当前学习生活和提高学习能力与学习水平密切相关的。一些其他课程可在信息技术课程中得到运用和练习,提高各科知识综合运用的能力。例如,汉语拼音知识可通过计算机汉字输入的练习得到巩固和提高,文字处理软件能够提高学生的写作能力;模拟软件能培养学生在社会生活和科学研究中的探索能力;电子表格有助于获取和分析数据;数据库管理软件可以帮助学生收集、组织、分类和检索信息;图形软件能够显示图形并帮助学生解释科学和社会信息。

(二)基础性和发展性

根据小学信息技术课程的培养目标,其内容有基础性的特点。例如,汉字的输入、鼠标的操作、图形界面的操作等,这些内容是小学生发展所必需的基础性内容,不会因为技术的发展而消亡。但信息技术的发展日新月异,小学信息技术课程尽管具有基础性的一面,但内容的选取仍然受新信息技术的产生而变革,这必然使小学信息技术课程的内容具有时代的特征。随着多媒体技术、智能技术、网络技术、通信技术的飞速发展,以此为核心的信息技术内容也必然要载入小学信息技术课程中,以满足学生发展性的需要。因此,小学信息技术具有基础性和发展性的特点。

(三)注重伦理道德教育

由于多媒体技术和网络技术的发展,世界在我们的手掌中,信息在我们的指尖,无穷无尽的信息资源随手可得,可以帮助我们解决各种各样的问题。然而,我们在欣喜于大量有用信息获得的同时,也不可避免地遇到了各种暴力的、恐怖的、色情的、极度虚幻和歪曲的信息内容,给我们带来了很多负面影响,直接污染了心灵,诱发了背弃伦理道德的行为,对个人和社会造成了严重的不良后果。另一方面,人在信息技术的虚拟世界里,以为没有人知道你是谁、你做了什么,所以,容易让人做出一些不负责任的、违背信息伦理道德的事情。因此,小学信息技术课程就需要注重对学生进行信息伦理道德教育,并内化为个人的行为。

(四)课程内容体系的模块化

信息技术范围广泛,课程内容丰富,相互之间也没有必然的制约关系。当前大多数小学信息技术课程的内容体系包括信息技术与社会、计算机操作、多媒体、程序设计等模块,这些模块之间没有必然的先后关系,甚至某个模块的内容也没有必然的先后关系,例如计算机操作,有文件管理操作、各种附件小程序操作以及办公软件操作等,这些操作之间也没有必然的先后关系。所以,信息技术教师的教学可以从小学生的特征出发来安排教学内容,组织课堂教学。

（五）工具性和应用性

信息技术是信息处理的有效工具,在教育领域工具性和应用性特点体现在计算机辅助教学、网络教学平台、网络评价工具等,学习的领域工具性和应用性特点体现在学生可以用计算机学习其他课程的知识、用计算机作文、编辑文稿、画画、制作电子作品等。因此,作为教师教学的辅助工具、学生学习的媒介和手段,既能激发学生的学习热情、培养学生积极的思维,又能促进学生高效率地学习。

（六）趣味性

小学信息技术课程的内容安排基本遵循小学生的心理和认知规律,培养并保持其学习的兴趣是课程的重要目标之一。因此,课堂的教学内容安排了趣味性比较强的画画、音乐制作、多媒体作品制作等,以激发学生的学习兴趣。

小学信息技术课程与其他学科课程相比有着非常明显的区别,小学信息技术课程的特点也不局限于以上的特点。小学信息技术课程的特点决定它的教学必须有其独特的教学要求。

二、小学信息技术课程的教学原则

小学信息技术教师要顺利开展教学工作,除了明确小学信息技术课程的目标,认清小学信息技术课程教学内容的特点,掌握各种教学方式,理解小学信息技术课程教学的一般过程外,还需要研究和掌握小学信息技术课程教学实施中应遵循的一系列原则。

　　所谓教学原则,是根据教学目标、教学的客观规律,在总结教学实践经验的基础上制定的、为教学工作所必须遵循的一般原理或准则。教学原则是教学工作应遵循的基本要求,是指导学校教学工作的方向和方法论。由于人们对教育的原理、政策和经验的理解不同,特别是作为一门新兴的学科,小学信息技术课程的教学原则还比较模糊。在这里所要阐述的小学信息技术课程教学的主要原则,是在对小学信息技术课程目标、内容特点、学生认知规律的认识,总结一线小学信息技术教师教学经验的基础上形成的,随着理论研究和教学实践进一步拓展和深化,小学信息技术课程的教学原则将会发生相应的变化。有效的学科教育必须紧紧抓住学科的特点,有的放矢地进行教学。小学信息技术课程教学必须遵循以下原则,采取切实有效的方法和手段进行教学。

(一)基础性与发展性相结合

　　基础性与发展性相结合是针对小学生信息素养的培养提出来的,它包括3个方面。第一,人类社会已经迈入信息社会,信息技术成为一种基础性工具,信息素养成为社会公民的一项基本素质。这种社会背景,对于信息技术课程的教学,就必然要求注重对小学生信息素养这种基础文化素质的培养。第二,信息技术以及信息社会是不断朝前发展的,但是这种发展又是依赖于一定的基础,是建立在一定基础之上的朝前发展。这种历史发展规律,对于小学信息技术课程的教学,一方面,在教学目标上要求教学能为学生打牢扎实的知识基础的同时,使学生掌握学习信息技术的一般方法,学会学习,保持可持续性发展,适应技术与社会的瞬息万变;另一方面,在教学内容上要求教师对教学内容的选择既注重基础也适度反映(前沿)进展,使学生在掌握必要的信息技术基础知识和基本技能的同时,增强对信息技术发展前景的向往和对未来生活的追求,换言之,既不故步自封,滞留于信息技术发展的昨天,也不盲目突进。第三,学生的心智发展存在一个循序渐进、逐步成熟的客观规律,而信息技术的各个组成部分在技术深度和文化内涵上又存在程度上的不同区分。学生心智发展和信息技术的这些特点,对于学生信息素养的培养,就要求教师根据学生的"最临近发展区",注意内容难度、深度和广度上的取舍,坚持基础性与发展性的有机结合,促进小学生信息素养的一般发展。

(二)信息技术与日常生活和学习相整合

信息技术课程既是一门具有鲜明时代特色的工具性课程,又是一门基础性课程。作为一门工具性课程,只有将其应用于实践中,学生的学习才能有效提高。作为一门基础性课程,其教学中的技术训练并不以作用于学习者的未来职业发展为主要目标,而是定位于服务他们当前的学习和生活为宜。实际上,大众信息技术的简单易学的特点决定了它本身就是指那些离我们自然经验不远的部分,如图形用户界面、"所见即所得""选择——操作"都是来源于生活,来源于学习经验。因此,信息技术课程的教学,更应该将学生对信息技术与其日常生活和学习有效结合,即一方面,信息技术的学习要贴近学生生活,另一方面,信息技术要整合到学生日常学习中去。

(三)使学生学会学习,培养和发展学生的能力

信息技术知识的广泛性和发展迅速的特点,使学生学会学习,培养和发展学生的能力变得尤为重要。这是因为,一方面,在学校的学习时间是有限的,教师不可能把所有的知识都教给学生,而且知识的更新速度之快远远超过了人的学习速度,所以在课堂中教师详尽讲授信息技术知识是不可能的;另一方面,也存在这样一个现实,教师教的学生未必都能掌握,而学生掌握的知识也未必都是教师教的,所以

在课堂中教师详尽讲授信息技术知识是没有必要的。因此,在信息技术课程教学中,教师在教会学生基本知识和基本技能的同时,有意识地培养学生自主学习的方法和能力,对各种信息系统的认识、软硬件的操作与使用、信息的收集与整理、信息资源的开发与利用达到触类旁通,以满足学生终生发展的需要。

(四)重视培养学生的创造性思维

创新是社会进步的保障,是民族之魂,是国家振兴的根本。学生除了接受先进的文化,还必须有所创造,培养学生的创造性思维是教育的根本。信息技术课程教学不能总强调让学生记住什么、掌握什么、做什么,而应该给学生任务,激发学生如何做,怎样才能做得更好,让学生自己去思考,自己决定想做什么,如何做。由于信息技术工具性和应用性的特点,在应用信息技术解决问题的过程中,很容易发挥学生的积极性和主动性,激发和培养学生的创造性思维。

(五)创造环境,重视综合应用信息技术解决实际问题的能力

《中小学信息技术课程指导纲要(试行)》明确指出,信息技术的上机时间要占总课时的70%,也就是说,一堂课教师至多花10~15分钟的时间讲解每节课的精华,其他时间由学生自己在教师创设的真实问题情境中完成任务的操作。因此,小学信息技术课程最好在多媒体网络教室里上课,教师可以开展基于网络环境下的自主学习、合作学习、研究性学习,真正实现以任务来驱动学生的学习,培养学生使用信息技术的意识、创造性地应用信息技术的能力以及解决实际问题的能力。

(六)注重用信息技术学习其他课程的知识

培养学生的信息素养是信息技术课程教育的主要目标,而培养学生使用信息技术的意识、积极的态度和应用信息技术的能力是信息素养的重要组成部分。另

外,把信息技术应用到其他学科的学习是基础教育改革的方向,是现代教育技术变革传统教学的突破口。在信息技术课程的教学过程中,注重利用信息技术解决其他课程学习中的问题,鼓励学生借助于信息技术学好其他课程,也给学生提供了应用信息技术解决实际问题的能力,培养了学生使用信息技术的意识和积极的态度。

(七)重视对学生的信息伦理道德教育

信息伦理道德在信息时代尤其需要加强,这是因为传统的社会条件下人与人的交流是面对面的,人对某些问题的自律或良好的道德表象是由于受到社会的舆论的压力,但在信息时代,人与人的交往是隐现的。目前在青少年中存在网上说谎、使用粗言秽语、阅读不良信息、发放病毒甚至各种各样的信息犯罪不断出现并呈上升趋势等令人担忧的现象,这些正是由于其信息交流的隐蔽性所导致的,缺乏直接的舆论监督和社会的压力。信息技术是一把双刃剑,如果一个人具有很高的信息技术的应用能力,但没有良好的信息道德,其危害更大。针对信息技术的种种负面影响,一定要采取措施,在信息技术课程的教学中,渗透道德规范教育,加强学生在信息环境中的自我保护意识,教给学生正确的自我保护方法,负责任地使用信息,从个人角度提高对"负信息"的免疫力。

第二节　教学设计的内容、模型及需要注意的问题

教学设计是指在一定教学理论指导下,基于对教学过程中各要素的认识,优化教学资源,安排教学进程,运用教学方法和策略,促进有效教学。教学设计可以是针对一个学期的教学或者一个单元的教学,也可以是针对某一课的教学。

教学设计是连接教学理论、学习理论、教学实践的桥梁,研究教学设计对提高课堂教学质量、使教学效果达到最优化、指导教师的教学实践具有重要的现实意义。小学信息技术课堂教学设计主要包括教学背景分析、教学目标分析、教学策略与教学方法设计、教学资源设计、教学过程与教学组织设计、教学评价设计等内容。

一、教学设计的内容

(一)教学背景的分析

教学总是在一定的现实环境下即教学背景下进行的,包括学生的课程内容分析、学习者特征分析等。一般来说,课程内容是课堂教学的核心,教师应认真分析课堂的教学内容,梳理其前后的关系,抓住课堂教学的重点知识和难点知识,以及这些知识对学生发展的重要性认识。同时,也要分析学生已有的知识水平、学习心理特征和学习能力,从而为教学资源设计、教学策略与教学方法设计、教学过程与组织设计提供基础。

(二)教学目标分析

教学目标是通过教学,期望学生达到的学习效果,是在教学过程中所期待的学生学习的结果。教学目标有多种分类方法,如从时间上划分为长期、中期和近期目标。布卢姆等将教育目标分为三类:认知目标、情感目标和动作技能目标。在实际教学中这三方面的行为几乎同时发生。认知目标包括知识、领会、应用、分析、综合和评价6种水平。

课堂内容的教学目标分析有利于教师设计课堂教学的策略,分解课堂教学内容的知识点与课堂教学目标的对应关系,有利于教师的课堂教学组织,也有利于激励学生主动参与课堂教学,掌握课堂学习的知识;有助于教师指导学生的行为指向具体目标,促进师生的课堂行为和交流;有利于课堂教学评价的设计。

要注意的是,课堂教学目标的确定要依据课程的教学目标和具体的课堂教学内容,同时要结合知识与技能、过程与方法、情感态度与价值观 5 个维度来考虑。

(三)教学策略与教学方法设计

教师根据教学内容、教学的重点和难点以及学生的个性特征,设计教学策略与教学方法,包括新课导入方式设计、任务设计、任务的介绍设计,考虑采用任务驱动教学还是小组合作或自主探究等方式。

(四)教学资源设计

设计教学资源以支持教师的教与学生的学。教学资源包括文本材料、相关学习网站、课件、多媒体视频等教师为特定课程内容教学开发的教学资料、教学软件、多媒体材料、学习平台等。教师在教学过程中将各类教学资源有序地组织起来,作为一个整体在教学中发挥作用。教师还应写出使用手册或者给出现场指导的预期设计,说明学生在什么情况下、如何有效地利用这些资源进行学习。另一方面,教师设计的教学资源要与教学目标相吻合。

(五)教学过程与教学组织设计

教师根据教学内容、教学策略和教学方法,设计课堂的教学过程;结合学生的特点和课程目标,设计课堂的组织过程。不同的教学内容、课堂的教学组织过程是不一样的。对于任务驱动课型,课堂的教学组织过程一般是新课导入,引出任务,介绍或分析任务,教师示范操作或学生自主探究或小组合作完成任务(期间,教师巡视指导学生),教师评价(学生自评和互评)作品,学生进一步修改或者优化作品;根据课堂教学的进度,教师可以进一步引出新的任务,学生探究完成等过程;教师小结课堂学习知识、布置作业。每一个环节,教师预先都要精心地设计,多预设可能的情况及其对策,以免课堂出现意外情况,而影响课堂教学。但要注意的是,预先的教学过程和组织设计只是为课堂顺利完成教学任务做准备而已,教师需要在真实的课堂教学过程中,及时地根据情况做出调整,绝不能机械地套用预先设计的过程,真正的教学设计发生在课堂教学过程中。

(六)教学评价设计

课堂学习过程中的及时评价是贯彻过程性评价的有效途径,教师对学生的学习成果在课堂中及时给予评价,可以及时地总结学生取得的成果,发现学生学习中的不足,甚至教师能发现自己在教学中的不足,促进教师和学生的发展。

课堂作品的评价要注意将本节课所学知识和操作技能作为评价的依据,同时要兼顾情感态度的评价,慎用脱离具体知识的、笼统的"好看、美观"来评价。还要注意的是,评价量规的设计要简洁明了。

(七)课堂小结设计

好的课堂小结能对本节课所学知识起整理、归纳、拓展、提升的作用,具有画龙点睛的效果。课堂小结要突出重点、简明扼要,根据内容需要可以采用幻灯片演示、板书和视频等方式,使学生回顾思考、归纳梳理,甚至为下一节课的学习做好铺垫。

二、教学设计的模型

根据前面的分析,教学设计的模型如图3-1所示。

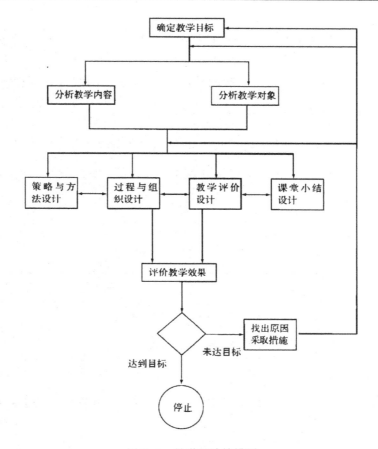

图 3-1 教学设计的模型

三、三个值得注意的问题

(一)最邻近发展区理论——对确定教学目标的指导

"最邻近发展区"是指学生的现有发展水平和在教师指导下能达到发展水平之间的距离。如果教学目标正好在最邻近发展区,学生在教师的帮助下能顺利通过最邻近发展区,达到很好的学习效果。超出最邻近发展区会使教学目标落空,低于最邻近发展区则没有意义。

(二)恰当表述教学目标——使目标明确、清晰、具体和可操作的技术

确定教学目标时,既有宏观层次的长远目标,也有针对具体教学内容的目标。在陈述教学目标时,要遵循科学的规范,使教学目标清晰、明确、具体。

一个好目标包含如表 3-1 所示的 3 个部分:学生的行为——学生必须做什么;列出行为发生的条件——如何识别和检测这种行为;给出在评价中可接受的行为标准。

表 3-1　三部分系统实例

部分	中心问题	例子
学生的行为	做什么	编辑一份介绍所在班的简报
行为条件	在什么条件下	用 Word 文字处理软件
行为标准	有多好	要求用 8 开纸,图文混排,版式美观,不少于 3 幅图片,分栏,不少于 5 篇短文,总字数 2000 以上,版面左上方标注日期、作者

(三)系统的观点与方法

教学设计并没有完全消除教学的不稳定性,即使最好的教学设计也不可能控制课堂中的每个事件,教师应当把教学设计看作指导课堂教学行为的可变性框架。不存在绝对有效的教学设计模式,有经验的教师不必一直照用书本上的课程设计模式。一个教师一旦获得了丰富的经验,并在教学的许多方面都已经变得相当熟练时,就应当发展自己的教学设计模式。

第三节　小学信息技术课程的教学设计

　　小学信息技术课程的教学中,典型的课型主要包括以理论知识为主的课型、任务驱动的课型(包括讲练结合、自主学习、合作学习组织模式)等,不同的课型具有不同的教学设计特点。

一、理论课教学设计要求

　　小学信息技术课程的每一节课都会涉及理论知识的讲授,而本节介绍的是指以理论知识教学为主的一种课型。

　　小学信息技术课程中涉及的纯理论性内容有:①基础性知识,如"信息与信息社会""网络知识基础"等,这些内容相对抽象,如果教学不当,容易挫伤学生的学习积极性;②原理性知识,如动画原理等,此类内容抽象性强,相对深奥,不易理解;③涉及信息伦理道德方面的知识,如网络应用中的信息安全、伦理道德等,这类知识性内容的学习枯燥但还能理解,要注意内化为个人的行为,则不易。

　　要将小学信息技术理论课上出特色来,既要让学生理解并掌握,又要激发学生的学习兴趣,需要教师有较好的教学设计能力。首先,可以从激发兴趣入手,将课本上的知识点和学生的兴趣结合起来。其次,对于原理性知识可以通过组织活动或其他形式将抽象的概念形象化,以达到好的教学效果。再次,可以将理论知识点和学生的实际运用相结合,从而将理论知识外化和内化。最后,理论知识的教学,需要结合各类知识的特点来组织教学,以达到更好的教学效果。

　　"信息与信息社会"属于基础性知识,这类知识一般比较简单,授课中容易出现乏味、枯燥的状况。教师经过精心的准备和筛选,巧妙地引出物质、能量、信息是构成世界的三大要素。万事开头难,怎样引出"信息"字眼是一个难点。平铺直叙,没有激情,学生记忆不会深刻,也很难真正理解物质、能量、信息是构成世界的三大要素。教师可以设计诸如"海军陆战队员原始森林生存实验"情境,任务具体,难度适中,具有挑战,富有创造,一下子就吸引了学生眼球,引起他们的极大兴趣。学生通过充分讨论、教师引导点评,就水到渠成地理解了世界的三大要素。

通过一个好的案例引入,创设一个生动的情境为学生展示魅力无穷的信息世界,将学生自然而然地带入信息世界,对于后面的教学起了很好的铺垫作用,教师也可以通过多种例子向学生展示信息的各种特性。所以,对于基础性知识的理论课,激发兴趣尤其重要。譬如,案例《开心辞典》,就信息技术基础知识这部分内容,模仿中央电视台《开心辞典》的模式,巧妙地设计教学。

借助故事的方式也是很好的方法之一。教师的讲解使他们表现出浓厚的兴趣,并且把信息的知识点——"信息的重要性"融入故事中,让学生在故事中获取课本知识。故事法,一方面可以帮助学生扩展思维空间,另一方面可以使学生在兴趣盎然中听故事,学知识。

以上仅仅列举了几种激发学生兴趣的方法,还有更多的形式可以被探究和利用。运用这些教学方法的同时,要注意与课堂的衔接度和关联问题,内容上要具有科学性、关联性;在认知上要讲究启发性,直观性;在形式上要体现新颖性,趣味性。

原理性知识相对深奥且逻辑性强,普通的教学方法不容易让学生"吃透"。例如,针对网络设备的作用和信息传输的学习,教师可以设计一个角色扮演的情境"舞台剧",学生们分别扮演代理服务器、DNS 服务器、Web 服务器等,从"发出申请"到"任务解决",将其中一系列的工作过程通过肢体动作和语言描述来表现出来。表演的学生通过填写手中的表格很好地掌握这些知识点。同时,将网络中数据传递这一不可见的过程,用人的行为来表现,其他学生可以在轻松地观看表演中记住每个"人"的行为,从而在感性认识的基础上,使原理性知识变得相对形象、直观,既降低了学习难度,又可以激发学生的学习兴趣,从而提高学习效果。

在原理性知识的授课中,还有教师借助具体生活情境的类比促进学生对原理的理解与掌握。譬如,讲解"网络通信原理",教师引导学生分析生活中邮政局发信的情境,并由学生归纳出图示化的送信过程。接着进行类比概念、模型对照,进入一份 E-mail 在网络中的传输过程,让学生体会实际应用中的工作原理,使学生把学到的理论形象化地建立在脑海中。

也有教师借助小游戏来促进学生对原理性知识的理解。例如,讲解程序设计中的《赋值语句》,教师利用一个拼图游戏作为开场,学生每次点击按钮,图片都会在一个赋值语句的作用下挪动"一步",这样让学生探究思考远比空讲语句要好得多。教师通过一个认知冲突的环节设计,让学生将赋值号和等于号进行区分,将赋值语句的概念进一步强化,最终学生可以运用所学的知识,在课堂中自己编写一个类似的拼图小游戏。该案例中,教师从学生喜爱的游戏入手,将枯燥难懂的程序原理融入其中,既激发了学生的兴趣,又通过开发游戏体验程序设计,有效地完成教学目标。

有关信息理论道德的理论课教学中,还需要采用讲授、说明等手法进行必要的拓展或巩固。在该课中,应对计算机病毒、黑客入侵的防范是重点与难点,病毒和黑客的知识在小学信息技术教材中均有涉及,如果进行单纯的理论讲解难以激发学生兴趣。因而教师需要别具匠心地设计"倒计时关机病毒"的情境,将病毒与黑客这两部分内容有机地联系起来。学生起初认为是病毒,积极搜索病毒名称和解决方法。教师适时揭示不是病毒,是计算机远程控制调用内部程序实现,相当于"黑客入侵",把学生关注的焦点一下子转到黑客入侵,再通过探究找到防范方法。另外,设计一些处理方式,如结合班级计算机感染病毒,请学生谈病毒造成的危害,以及通过实践让学生了解黑客破坏互联网安全的违法行为,都有助于学生形成深刻的印象,也是本节课不可缺少的思想教育引导,对学生的情感态度与价值观会有一定的影响。

也有教师设计让学生在具体问题解决中进行学习。例如,《计算机病毒与防治》案例中,某教师事先准备了4台带有计算机病毒的笔记本电脑,每台电脑都有不同情况的中毒症状(如不停重新启动、鼠标不听使唤等),学生分组,结合自己已有知识,借助互联网,查找这些病毒的名称,并查杀病毒。最后分组展示本组成果,介绍自己曾经遇到的病毒经历,以及家中杀毒软件的更新情况。该案例教学内容是病毒以及防治,是一节非常典型的理论课。对于这种理论知识,教师们以往的教学经验是"纸上谈兵",即找到多方面的资料和图片用以说明病毒的特征及其危害。该教师则打破了传统的授课形式,将理论知识和具体问题紧密结合起来,如此安排极大地调动了学生的积极性,因为部分学生遇到过类似问题,所以他们能够深入地去探究病毒的名称和发作特征,尝试杀毒方案,这样,在具体的解决问题过程中,学生在情感态度与价值观上得到进一步的提升,对个人计算机的维护也有了更深的认识。

综上所述,理论课覆盖的范围较广,对于基础性知识、原理性知识以及情感态度与价值观的相关知识是需要"讲"的,但怎么讲、如何讲,是需要教师仔细揣摩的。可以创设一定的情境,可以加入学生活动,还可以与学生的实际生活相结合,通过多种教学形式让学生在理解的基础上形成深刻印象。

二、任务驱动课教学设计要求

任务驱动型课是小学信息技术教学中使用最普遍的一种课型,教师以任务为主线开展教学,针对小学生的特点,在低年级和学生水平相对较低的班级教学中,一般采用教师讲解、示范演示、学生模仿操作这种讲练结合的方法,对学生水平较高的班级则可以采用探究性学习或自主学习的模式,而对较大的任务,则可以采用合作学习的模式。针对大部分的小学生,教师可以从讲演练的基本模式出发,采取大、小片段教学,可以将技能付诸具体的主题活动中;还可以在分层次教学中,更好地实现技能传授。

（一）从讲演练模式出发，采取大片段教学或者小片段教学

大多数任务驱动课型中，教师所采取的都是"讲演练"模式，即教师讲授——教师演示——学生练习。这种最为常见的教学方法有助于促进学生一步一步地掌握技能操作方法。具体实施时，可以根据学生年龄、技能、知识的特点，选择小片段或大片段教学。

对于低年级学生或设计大型任务时，常采用小片段教学。所谓小片段教学，即将一个完整的课堂任务分解成若干个小任务，每个小任务结束后，都能呈现一个较完整的"作品"，课堂被分成了一个个独立的环节，但每个环节都紧紧相扣。在教学形式上，主要是讲——演——练——讲——演——练，课堂由多个"讲演练"的小环节组成。

从学习者的角度来看，小片段教学相对适合低年级学生。因为低年级学生的认知水平和技能水平相对较低，这样的小片段教学是非常行之有效的。从任务的角度看，小片段教学适合大型任务。一般而言，大型任务多要求对技能的综合性应用，对技能的掌握要求相对较高。因此，可以将大型任务人为地拆分为一个个连续的小任务，采取小片段教学。

对于高年级学生或设计小型任务时，可采用大片段教学。任务驱动课型一般以示范操作为主、讲解为辅，讲解时提示操作要点与步骤。对于低年级学生或设计一个连续性技能任务时，小片段教学更适用；反之，对于高年级学生或设计小型任务时，大片段教学有优势。

（二）将任务驱动式学习的技能迁移到具体的应用中

任务驱动式学习有助于学生将完成任务的学习经验和技能迁移到具体的应用

中,教师可以将学生的学习、生活中的相关问题作为任务,这对于学生信息素养的培养也有一定的推动作用。结合具体的学习任务,实现操作技能的训练。

(三)任务驱动课利用分层次教学实现每个学生水平的提升

小学生的认知水平、学习兴趣、信息技术的操作能力都存在一定的差异,若采用一刀切的方法,必然不能满足全体学生的需求。因而,教学中需要利用分层教学来克服教学内容与学生技能水平之间的矛盾,克服学生掌握知识水平两极分化的矛盾,真正做到从学生出发,因材施教。

在实际教学中,可以根据教学内容、学生基础,选择合适的分层方式。设置任务时,难易程度要把握好,既要有层层递进的关系,又要让每一层的学生真正有所收获。

第四节　　小学信息技术课程的教案设计

教学设计一般是通过教案的形式来呈现,教师在课前需要完成教案设计,这个过程也叫作备课。一般地,一个教案包括以下主要内容。

一、教材分析

教师要整体了解一个学期甚至整个年级该门课的主要教学内容,并仔细分析该节课的教学重点和难点,教材的前后关系。该节课的内容在整个知识体系中的作用,学生学习该节课内容所需要储备的知识等,为教师的教学设计梳理好知识内容体系。

二、学情分析

主要分析学生对该节课知识学习是否具备前导知识,也要分析学生的学习特征,为教学策略的设计提供依据。

三、教学目标分析

一般地,教学目标要围绕知识与技能、过程与方法、情感态度与价值观三维目标分开来写。也可以综合起来写,但要包含三维目标的内容,同时明确教学的重点和难点。

四、教学方法

根据教材分析、学情分析,确定教学方法。一般地,一节课教师不要用太多教学方法,以一两种为宜。小学信息技术课程的教学方法,比较普遍的是任务驱动法,教师要活用该方法,因为任务驱动法有许多的变形,包括任务驱动的讲练结合法、任务驱动的分层次教学法、任务驱动的自主学习或探究学习法、任务驱动的合作学习法等。

五、教学过程

教学过程一般包含新课导入、主题教学、学生学习、课堂评价、作业布置、课堂总结等环节,对任务驱动教学的课型,有时候一节课也会有多个任务。教师在设计教学过程的时候要注意设计教师的活动、学生的活动以及给出设计意图。教学过程的形式可以是表格形式,也可以是直叙的形式。

六、教学资源

教学资源的准备是信息技术课程与其他课程不同的最大特点,因为信息技术课程的教学环境一般都需要教学资源的支撑,包括计算机、投影设备、网络,以及学生的学习平台等,均需要在上课前仔细安排并检查。

七、教学反思

反思一般是课上完后由任课教师自我总结的,这是教师自我提高、开展教学研究非常有价值的资料。教师在每节课完成后一定要及时总结课堂教学成功和不足的地方,并分析其原因。

第四章　小学信息技术课程的教学方法

第一节　任务驱动教学法

任务驱动教学法是近年来小学信息技术课程教学中应用比较广泛的教学方法。本节主要介绍任务驱动法的定义与优点,给出任务驱动法中的任务的设计原则。

一、任务驱动教学法的定义与优点

任务驱动教学法是一种建立在建构主义教学理论基础上的教学方法。建构主义强调学生的学习活动在教师创建的真实教学环境中通过自主或协作的学习方式来达到意义建构的目标。因此,学生的学习活动必须与学习任务或问题相结合,以探索问题来引导和维持学习者学习的兴趣和动机,让学生带着真实的任务学习。学生是学习的主体,在教师的引导下完成学习任务。

所谓任务驱动教学法,就是教师在课前设计一个有实际意义的、符合学生认知水平的、与学生的学习和生活密切相关的任务。完成任务所需要的知识包括已经学过的知识和本节课要求学习的新知识,课堂教学过程就是让学生自主或合作完成教师设置的任务,完成任务的过程既是学生应用已有知识的过程,也是自主学习新知识的过程,而且在完成任务的过程中能培养学生分析问题、解决问题的能力,也能培养学生使用信息技术的意识和创新能力。学生完成这个任务后也就建构了本节课所要学的新的知识,体验了创造所带来的成就感。这种方法可激发学生进一步学习的动机。任务驱动教学法具有许多优点。

(一)有利于发挥学生的主体作用

任务驱动教学法要求学生自己完成学习任务。学生是学习的主体,完成任务的策略、方法由学生自己来决定,需要用到的知识由学生自己来组织,需要的资源由学生自己来寻找和筛选,不会完全跟着教师的思想来行动,变被动为主动,也改变了传统的课程过于注重知识传授的倾向,强调形成积极主动的学习态度,在完成任务的过程中使学生获得基础知识与基本技能,完成任务的过程同时成为学会学习和形成正确价值观的过程,能有效地发挥学生的主体作用。

(二)能激发和保持学生的创新思维和学习信息技术的兴趣

教师设计的任务因为考虑到学生的认识水平、学习与生活的兴趣,因此,需要学生完成的任务往往是学生感兴趣的,学生有一种立刻要去完成的冲动。而且学生具有很强的表现欲望,希望自己的作品能够被其他同学和教师所认可,所以他们在完成任务的过程中尝试各种新的表现手法或独到的方法,积极发挥他们的创造性思维和求异思维,力求作品的新颖性。学生一旦通过自己的努力完成了任务,特别是得到了教师的肯定,自豪感和成就感会油然而生,从而能激发他们更积极地学习。

(三)有利于学生完整地掌握所学知识,提高分析问题和解决问题的能力

学生听教师讲解知识,往往无法真正体会知识的真实含义。如果没有让学生真实地体会应用知识解决具体的问题,学生则往往在碰到实际问题的时候束手无策。知识的学习往往是一点一滴的,而解决具体的问题,往往是需要综合应用所学

的知识。所以,采用任务驱动教学法,学生应用知识完成任务,不但需要掌握知识的真实含义,而且需要知道应用知识的背景、应用知识产生的效果以及知识的综合应用,对一些比较容易混淆的概念有清晰的认识,从而对知识有完整的理解。也只有在解决实际的问题中,其分析问题、解决问题的能力才会提高。而任务驱动教学法,恰恰需要学生分析完成任务所需要的知识,这些知识是已有和需要新学的知识,然后利用知识去完成任务,这就是分析问题和解决问题以及学习知识的过程。

（四）有利于学生个性的发展、能力的提高

由于学生之间学习能力的差异和个性的差异,如果采用教师统一授课,势必导致优秀的学生"吃不饱"、差生"消化不良",不利于学生个性的发展。采用任务驱动教学法,教师在每堂课中设置多个不同层次的学习任务,优秀的学生在完成基本的学习任务以后,可以继续完成自己感兴趣的较高要求的任务,使学生的能力得到最大限度的提高,推动个性的发展,符合"最近发展区"的理论,体现因材施教的原则。

二、任务驱动教学法中任务设计的原则

在小学信息技术课中实施任务驱动教学法,就是在一个个典型的信息处理任务的驱动下展开教学活动,引导学生由简到繁、由易到难、循序渐进地完成一系列任务,从而得到清晰的思路、方法和知识的脉络,在完成任务的过程中,培养学生分析问题、解决问题以及用计算机处理信息的能力。在这个过程中,学生还会不断地获得成就感,可以更大地激发他们的求知欲望,逐步形成一个感知心智活动的良性循环,从而培养出独立探索、勇于开拓进取的学习能力。

在小学信息技术课的任务驱动教学中,任务的好坏直接影响着教学的效果。因此,任务的设计、编排非常关键。一般说来,设计任务时需要考虑以下几个方面

的问题。

(一)任务设计要有明确的目标

教师在设计任务时,首先要了解学生学习的总体目标,然后把总目标细分成一个个的小目标,并把每一个学习目标的内容细化为一个个容易掌握的任务,通过这些小的任务来体现总的学习目标。

认知目标一般分为了解、理解、掌握3个层次的学习水平。"了解"主要是指学生能够记住或复现已学过的知识和操作方法;"理解"是指学生对已经学习过的知识及操作方法,能用自己的语言或动作进行表述和直接运用;"掌握"是指学生能用所学过的知识和操作方法去解决新情况下的问题。操作目标一般分为初步学会、学会、熟练3个层次的学习水平。"初步学会"是指学生能进行基本的上机操作;"学会"是指学生能进行连续的、差错较少的上机操作;"熟练"是指学生能进行效率较高的、习惯性的、有错误能立即自我纠正的操作。

(二)任务设计要具有可操作性

信息技术课是一门实践性非常强的课程,学生亲自上机动手实践比听老师讲、看老师示范要有效得多。通常,教师对知识进行讲解、演示后,关键的一步就是让学生动手实践,让学生在实践中把握真知、掌握方法。教师在进行任务设计时,一定要注重任务的可操作性。

(三)任务设计要符合学生特点

任务设计时要注意学生特点、知识接受能力的差异。不同年龄段的学生,甚至同一年龄段的学生,他们接受知识的能力往往会有很大的差异。教师进行任务设计时,要从学生实际出发,充分考虑学生现有的知识水平、认知能力、年龄、兴趣等特点,遵循由浅入深、循序渐进的原则。针对小学生的特点,每节课教师可以设计适当简单的任务,让每个学生都能达到教学要求;同时,要设置一些有一定难度的任务,供学有余力的学生提高学习之用。

(四)任务设计要注重渗透方法,培养学生能力

面对信息技术发展的日新月异,学校的计算机等设备无法快速更新,教学内容很难超前或与社会同步。而很多小学生喜欢独立地获取知识,任务设计要注意留给学生一定的独立思考、探索和自我开拓的余地,培养学生用探索式学习方法去获取知识与技能的能力。例如,学习"制作多媒体作品"时,要鼓励学生大胆探索、创新,利用各种资源,通过不同渠道、方法收集各种多媒体素材,然后用不同的工具软件制作出具有个性特色的多媒体作品。

(五)任务设计要注重创设适当的教学情境

在小学信息技术课教学过程中,创设与当前学习主题相关的、尽可能真实的学习情境,引导学习者带着真实的任务进入学习情境,使学生的学习直观化和形象化,对于学生来说,可以实现积极的意义建构。从建构主义学习理论的观点来看,学习总是与一定的情境相联系的,因为在情境的媒介作用下,那些生动直观的形象才能有效地激发学生联想,唤起学生原有认知结构中有关的知识、经验及表象,从而使学生利用有关知识与经验去同化或顺应学习到的新知识。因此,在小学信息技术课的任务设计中,要充分发挥多媒体计算机具有综合处理图形、图像、动画、视频以及声音、文字和语言、符号等多种信息的功能,从声音、色彩、形象、情节、过程等方面,设计出具有某种情境的学习任务,使学生在这种情境中探索实践,激发学生联想、判断,从而加深学生对问题的理解。

（六）其他课程的内容可以作为学习的任务

教师设计的任务可以是完成其他课程的任务,也可以是把其他课程的任务包含在真实性问题情境中,使学生置身于提出问题、思考问题、解决问题的动态学习过程中。可以把其他课程的任务用信息技术来解决,使学生在潜移默化中得到锻炼,培养学生利用信息技术综合处理问题的能力。例如,在"输入一篇语文课文,然后进行排版,并自己画一幅小插图"这个任务中,就把语文、美术学科的内容作为信息技术课程学习的任务。

（七）任务设计要注意个别学习与合作学习的统一

在信息技术课程的教学中,教师进行任务设计时,要注意以适当的比例分别设计出适合个别学习和合作学习的任务。对于个别学习的任务,让学生采用不同的方法、工具来独立完成,培养学生的自立能力。对于合作学习的任务,则要求由多个学生组成的学习小组协作完成。

计算机网络环境为合作学习提供了很好的条件。教师可以依照学生的认知水平、能力倾向、个性特征、性别、年龄等特点,把学生分成不同的小组。合作学习以小组讨论、协商的形式开展学习活动,旨在通过学习群体的智慧,完善和深化学习个体对知识的理解和掌握。在小组合作学习的过程中,教师要注意启发、诱导,把活动主题引向深入,从而揭示问题的本质、规律。合作学习把个别学习环境下学生个体间的竞争关系转变为"组内合作""组际竞争"的关系,把传统教学中教师与学生之间的单向或双向交流转变为教师与学生、学生与学生之间的多向交流,使学生们在相互交流中不断增长知识技能,促进学生之间良好的人际合作关系的形成,进一步培养学生的协作精神。

总之,教师进行任务设计时,要仔细推敲每个知识点、统筹兼顾,为学生设计、构造出一系列典型的操作性任务,让学生在完成任务中掌握知识、技能与方法。

三、任务驱动教学法的教学过程

任务驱动教学法是指教师提出明确的任务,要求学生在一定时间内完成任务的教学方法。这是小学信息技术教师经常采用的教学方法,尤其是,现在许多省市的小学信息技术教材就是按照任务来编排的。

任务驱动教学法的教学过程可以归纳如下:

(一)新课导入任务

导入任务的目的是让学生在真实的情境中学习新知、完成任务,激发学生的学习兴趣。导入的方式有很多,可以通过复习上节课的知识来引入新的学习任务,也可以通过教师创设的具体情境来引入新的任务,这样的情境包括一部作品、一个故事、一段对话,甚至一个社会上的热门话题等,都可以引入新课。

(二)介绍任务

任务驱动教学法中,教师在引入了任务以后,需要对任务进行适当的介绍,其目的是让学生明白需要完成什么样的任务、要达到怎样的目标,便于学生学习。

(三)分析任务

分析任务的目的,是让学生明白完成任务需要学习什么新知识,如何来完成任务。因为任务驱动教学法有许多延展的课型,例如先教师演示操作后学生模仿操作、教师引导下的学生自主探究型、合作学习等。针对不同的课型,在这个环节教师的处理是不一样的。例如,教师自己陈述完成任务需要哪些知识、分析完成任务的过程,可以在教师的启发下让学生来分析任务,也可以教师和学生一起来分析任务,甚至完全由学生自己来分析任务。教师如何处理这个环节,一方面根据学生的特征,另一方面也可以根据不同的任务进行不同的处理。

(四)学习新知,完成任务

这是学生学习的重要环节。如果学生的学习能力较弱,或者任务的难度比较大,可以采用教师示范演示、学生模仿操作的讲练结合的方式进行;如果任务比较简单,或者学生动手能力较强,则可以放手让学生自己动手完成。

(五)评价

在学生完成任务后,教师可以和学生一起点评几个典型的作品,指出其优劣所在。比较有效果的方法是教师应该对学生的作品的不足进行现场演示修改操作,然后比较修改前后的作品,对学生掌握新知起了好的启发效果。教师也要通过评价平台,通过学生的自评和互评,对每个学生的作品进行评价。评价最好有定量和定性的结果,并提出作品的修改建议。

(六)反思与提高

学生根据其他人对他的作品的评价结果,分析其合理性。如果合理,则可以进一步修改作品,反思存在的问题,进一步提高自己的水平。对优秀的学生,教师可以给出扩展性的任务,让其探究、独立完成。

第二节　　研究性学习教学法

小学信息技术课程教学提倡的研究性学习,一般是教师提出一个相对简单的主题,在教师的指导下,通过收集信息、整理信息,并利用这些信息解决简单的问题。这种研究性学习的方式区别于传统的科学研究,只是一种探究的学习活动过程,对学生今后的发展十分重要。

一、研究性学习的目标与实施

(一)研究性学习的目标

小学信息技术课程中的研究性学习有以下目标:

1. 获得亲身体验

研究性学习强调学生通过自主探究的学习活动,获得亲身体验,从而激发学生的积极情感和探索创新的欲望。

2. 培养发现问题和解决问题的能力

在研究性学习过程中,通过引导和鼓励学生自由地发现和提出问题,设计解决问题的方案,收集和分析资料,调查研究,得出结论并进行成果交流活动。引导学生运用已有的知识与经验,培养发现问题和解决问题的能力。

3. 培养收集、分析和利用信息的能力

在研究性学习的过程中,让学生学会利用多种有效手段多渠道地获取信息,学会整理与归纳信息,学会判断和识别信息的价值,并恰当地利用信息。

4. 学会分享与合作

研究性学习的开展将努力创设有利于人际沟通与合作的教育环境,使学生学会交流和分享研究的信息、创意及成果,发展乐于合作的团队精神。

5. 培养科学态度和科学道德

在研究性学习的过程中,学生要认真、踏实地探究,实事求是地获得结论,尊重他人的想法和成果,养成严谨、求实的科学态度和不断追求的进取精神,磨炼不怕吃苦、勇于克服困难的意志品质。

6.培养对社会的责任心和使命感

在研究的过程中,通过社会实践和调查研究,学生要深刻了解科学对于自然、社会与人的意义与价值,学会关心国家和社会的进步,学会关注人类与环境的和谐发展,形成积极的人生态度。

(二)研究性学习的特征

小学信息技术课程开展研究性学习,具有如下特征:

1.开放性

研究性学习的内容不是特定的知识体系,而是来源于学生的学习生活和社会生活,立足于利用信息技术,解决学生关注的一些问题。但问题可以根据学生的实际情况适度地灵活和开放,为发挥学生的个性特长和才能提供广阔的空间,从而形成一个开放的学习过程。

2.探究性

研究性学习提倡的是一种主动探究的学习方式,要求学习者在整个学习过程中以问题为载体,在一定的情境中发现问题,探索解决问题的方法和途径,感受知识的形成过程,从中具体领悟科学的探究方法和思维方式。

3.实践性

要引导学生关注社会生活,亲身参与社会实践活动。同时,研究性学习设计与实施应为学生参与社会实践活动提供条件和可能。

4.自主性

在整个学习活动中,在教师指导下学生自选课题,自定学习方案,发挥学生的自主性。教师可以向学生提供必要的帮助和支持。

5. 合作性

研究性学习面向全体学生,主张学生共同参与、投入问题的研究,相互取长补短,切实提高解决问题的效率,同时从中使学生学会相互交流与合作,发扬和发展个性,切实增强协作精神和团队意识。

6. 过程性

研究性学习的最主要价值在于其对学生成长发展所起的作用,也就是它的教育价值。因此,注重学生参与的过程,学生的体验和表现比结果更重要的。

(三)研究性学习的实施

研究性学习的实施一般可分为 3 个阶段:进入问题情境阶段、实践体验阶段和表达交流阶段。在学习进行的过程中,这 3 个阶段并不是截然分开的,而是相互交叉和交互推进的。

1. 进入问题情境阶段

本阶段要求学生在教师的帮助或指导下,通过调查、讨论,提出需要探究的问题。再经过搜集相关资料,进一步确认问题,多个角度认识、分析问题等一系列铺垫后,学生就要拟订好初步的研究计划和方案。

2. 实践体验阶段

在确定需要研究解决的问题以后,学生要进入具体解决问题的过程,通过实践、体验,形成一定的观念态度,掌握一定的方法。本阶段实践、体验的内容包括:①搜集和分析信息资料,学生要学习和掌握收集资料的方法,从而有效地获取相关的信息资料,并对这些资料进行去伪存真、整理与归类。②运用获取的资源,解决问题。学生要利用前面收集的资源来解决问题,形成初步的研究成果。③初步交流,学生将得到的初步研究成果在小组内或个人之间进行充分的交流,相互取长补短、激发灵感、开拓解决问题的思路,从而正确地认识自我并逐步丰富个人的研究成果,培养学生科学精神与科学态度。

3. 表达和交流阶段

在这一阶段,学生要将取得的收获进行归纳整理、总结提炼,形成书面材料和口头报告材料。学生通过交流、研讨与同学分享成果。在这一过程中,学生要学会欣赏和发现他人的优点,学会理解和宽容,学会客观地分析和辩证地思维,也要敢于和善于申辩。

二、研究性学习教学方法——WebQuest

WebQuest 是基于网络的研究性学习方法之一,下面介绍将 WebQuest 学习方法应用于小学信息技术教学中。

(一)WebQuest 的定义

WebQuest 是一个以调查研究为导向的学习活动。在这个活动中,部分或者所有能够让学习者进行交互的信息都是来自因特网的资源,有些甚至还提供了录像参考资料。在整个 WebQuest 中,共包含两个水平层次:一种是短期 WebQuest,另一种是较长期 WebQuest。

短期 WebQuest 是专门为 1~3 个课时的课程单元设计的,其教学目标是知识的获得和整合,所以,短期 WebQuest 较适合于小学信息技术中的研究性学习。

(二)WebQuest 的构建结构

为了使学习者明确学习目标,在网上充分地利用时间,WebQuest 都经过了精心设计,赋予学习者以明确的方向,给学习者一个有趣且可行的任务,并提供必需的、能够指导他们完成任务的资源,而且告诉他们未来的评价方式,以及概括和进一步拓展课程的方式。无论是短期 WebQuest,还是较长期 WebQuest 一般都由简介、任务、过程、资源、评估和结论共 6 个模板组成,其中每一个构建模块都自成一体,设计者可以通过改变各模块来实现不同的学习目标。

1. 简介

WebQuest 简介部分包括两个方面目的:

①让学习者明确将要学习的是什么;②通过各种方式提高学习者的学习兴趣,特别是研究主题的设计要对小学生有吸引力,能激发其研究的兴趣。

2. 任务

WebQuest 的任务模块对学习者通过练习将完成的所有事情进行了描述。其形式可能是一个 PowerPoint 演示,也可能是一个能够对一特定的主题进行解释的口头陈述。与其他网络课程的区别就在于它有一个切实可行的、能够完成的且具有吸引力的任务。这种任务通常是生活中所发生事件的微缩版本。完成 WebQuest 的任务,并不仅仅是让学生回答问题,而是要求学生通过更高级的思维技能来解决问题或做出决策,这些高级思维技能包括创造性、分析、综合、判断和问题解决等。

3. 过程

在 WebQuest 的过程模块中,教师将完成任务的过程分解成循序渐进的若干步骤,并就每个步骤向学习者提出了短小而清晰的建议,其中包括将总任务分成若干子任务的策略,对每个学习者要扮演的角色或者所要采用的视角进行描绘等。教师还能够在这个模块中为学习和交互过程提供指导。

4. 资源

WebQuest 的资源模块是一个由教师选定的将有助于学习者完成任务的网页

清单,其中大部分资源是包括在 WebQuest 文件中作为超链接指向因特网上的信息。学生使用的所有链接都由设计者预先设定,是 WebQuest 区别于其他网络活动的又一特征,所以,也可以这样说,相对于信息的搜索,WebQuest 更侧重于信息的使用。但是,非常值得注意的是,可以提供给学生的资源并不仅仅局限于网上的发现,它还可以包括一个与远距离专家的音频会议、一个与不远的教师的视频会议,一个录像带,一份评价报告的精装本、教科书、录音带,以及与他人面对面的访谈。由于这些资源是预先选定的,而且包含有明确的指针,所以,学习者在网络空间将不再因迷失方向而完全漫无边际地漂流。通常,明智的做法是将资源清单分成几个部分。一部分资源在课堂上让每个学生学习,另一部分则可以由扮演某一特定角色或持某一特殊观点的学习者阅读。通过这种给予学习者不同数据资源的方式,不仅增强了群体之间的合作和依靠,而且培养了学习者相互学习的意识。

5. 评估

为了证明用网络来拓展学习是可行的,所以在 WebQuest 模块中增加了评价这项内容。对于基于因特网的研究性学习这样一种较高水平的学习形式,WebQuest 采用评价测评表来考查学生作品的不同方面。评价人员既可以是教师,也可以是家长或同学。另外,根据学习者学习任务的不同,评价测评表的形式也表现为书面作业或 PowerPoint 演示。

6. 结论

WebQuest 的结论部分为总结学习内容和经验、鼓励对整个学习过程进行反思,以及对学习成果进行拓展和推广提供了一个机会,它的另一个作用是为教师提供可以在整个课堂讨论中使用的问题。

第三节　合作学习

　　小学信息技术课程中应该贯彻合作学习的理念与方法,教学中要强调学习者合作学习,相互协作,以弥补小学生的信息技术技能差距。

一、合作学习的概念与分类

　　合作学习是目前许多国家都普遍采用的一种富有实效的教学理论和策略,它能改善课堂内的气氛、大面积提高学生的学业成绩、促进学生形成良好的非认知心理品质,被认为是近十几年来最重要和最成功的教学改革。从国内外合作学习的理论与实践来看,合作学习活动的主要取向大致可以分为 4 种:师生互动、师师互动、生生互动和全员互动等。下面介绍与小学信息技术课程教学相关的两种模式。

　　以师生互动为特征的合作学习是以苏联著名教育流派"合作教育学"为代表,其主要代表人物有阿莫那什维利、B. 沙塔洛夫、M. 谢季宁和 H. 伊万诺夫等。他们在《合作的教育学》中指出"合作学习是一种新的教育学,它与从前的教育学不同,它特别注意诱导儿童学习,特别是注重教师和儿童的共同劳动"。他们认为,要使儿童学得好,关键在于要使儿童乐意学,使他们感到成功、进步和发展的快乐,也就是要使他们从学习的内部获得学习的推动力,而要实现这一目的需要以师生之间的相互尊重、互相合作为基础,体现了合作教育学的社会本质,其教学方法完全排除了强制手段的运用,在强调师生合作的同时也提倡在学生之间建立一种亲密的合作关系。

　　以生生互动为特征的合作学习是 20 世纪 70 年代兴起于美国,并在 70 年代中期至 80 年代中期取得实质性进展的一种颇具创意的教学理论与策略体系,广泛运用在美国、加拿大、德国、英国等国家。合作学习从教学过程的集体性出发,针对传统教学忽视同伴相互作用的弊端,着眼于学生与学生之间的互动的普遍性,将合作性的团体结构纳入了课堂教学之中,构建了以生生互动为基本特色的课堂教学结构,通过组织开展学生小组合作性活动来达成课堂教学的目标,并促进学生的个性与群性的协同发展。一般意义所说的合作学习就是指这类以生生互动为特征的合作学习。

二、合作学习对小学信息技术教学的指导意义

(一)改变教学中教师和学生之间信息单向传递的方式

合作学习教学认为教学过程是一个信息互动的复合活动,教学方式要由单向型(老师是信息的发出者,学生是信息被动接收者)向双向型(师生之间相互作用获得信息,强调双边互动,及时反馈)、多向型(师生之间、生生之间相互作用的过程,强调多边互动、共同掌握知识)、成员型(师生平等参与和互动的过程,强调教师作为小组中的普通一员与其他成员共同活动,不再充当唯一的信息源)转变。合作学习教学在注重师生互动的基础上更加强调生生之间的关系拓展上,突出生生互动的潜在意义。在合作学习教学中小组活动是主体,学生与学生之间的互动应该占有主导地位。在课堂上,学生之间的关系比任何其他因素对学生学习的成绩、社会化和发展的影响,都更强有力,对提高学生学习的参与度,增进教学效果具有重要的指导意义。

(二)更注重教学三维目标的实现

合作学习是一种目标导向活动,强调调动动态因素之间的合作性互动,并借以提高学生的学业成绩,培养学生良好的非认知品质,因而较之传统的教学更具有情感色彩。合作学习在突出达成情感领域的教学目标的同时,也非常重视其他各个

教学目标的达成,追求在知识、情感和技能目标上的均衡达成。合作学习的假定是:"只有愿意学,才能学得好,才会自主学习",只有满足学生对归属感和影响力的需要,他们才会感到学习是有意义的,才会愿意学,才能学得好。这种将教学建立在满足学生心理需要的基础上,其情感色彩渗透在教学过程的各个环节之中,尤其是在小组活动中,小组成员之间可以相互交流,彼此争论,共同讨论和解决在学习中遇到的问题。在互教互学中,小组成员都能达到共同提高,既充满温情和友爱,又像课外活动那样充满互助与竞赛。同学们之间通过提供帮助而满足了自己影响别人的需要,又通过相互关心而满足了归属的需要,有利于形成良好的集体观念。在小组中每个人都有大量的机会发表自己的观点和看法,同时学会倾听他人的意见,使学生在相互讨论、交流中形成良好的人际关系,合作更融洽,学得更开心,更容易实现教学的三维目标。

(三)更好地体现"教师为主导,学生为主体"的理念

合作学习提倡教师当好"导演",学生当好"演员"。合作学习从学生主体认识的特点出发,巧妙地运用生生之间的互动,把"导"与"演"进行了分离和分工,把大量的课堂时间留给了学生,使他们有机会进行相互切磋,共同提高,共同进步,使学生发自内心地产生求知和探究的欲望,产生一种我要学习的内驱力,把学习当作一种乐趣,达到一种想学、能学、要学、会学、自学、乐学的境界。而教师则充当好"管理者""促进者""咨询者""导向者""顾问"和"参与者"等多种角色。

(四)力求体现评价的公平性,表现为人人都有进步

合作学习把"不求人人成功,但求人人进步"作为教学所追求的一种境界。合作学习将个人之间的竞争变为小组之间的竞争,把个人计分改为小组计分,以小组总体成绩决定奖励或认可的依据,形成"组内成员合作,组间成员竞争"的新格局。

小组成员在学业成绩、性别、能力、技能是异质分配的,每个小组成员都有成绩好、中、差的,通过设置"基础分"和"提高分",使学生都在原有的基础上进行合理竞争,公平比较评价,最终使全班学生都受到奖励,在各自的基础上有所进步,实现教学评价的公平性和科学化,弱化甄别和选拔的评价,尊重学生之间存在的个体差异,把评价看作一种及时发现问题,不断总结,不断改进教学,促进学生发展的一种教学手段。

三、小学信息技术课程中合作学习实施流程

小学信息技术课程中合作学习一般可以分为以下 4 个步骤。

(一)组成小组,明确分工

学生的分组在合作学习过程中是很重要的一个环节。学生可以根据自己的兴趣、爱好和特长组成 2~5 人的小组。分组的依据一般包括性别、年龄、学习成绩、知识结构、社会背景、以前小组学习的经验等。小组成员最好有一些差异,能够互补互助,有利于每个小组成员都参与到学习活动中去,彼此之间获得更多的经验信息。如学习成绩好的学生和成绩差的学生搭配,可有利于后进生的转化,并促进优生在辅导后进生的过程中实现对知识的融会贯通;认知方式不同的学生互相搭配,有利于发挥不同认知类型学生的优势,从而促进学生认知风格的相互影响。需要注意的是,分组可以是变化的,特别是在学习的不同时期,使用不同的分组机制才能最大限度地提高学习效率。

组成学习小组、确定学习任务后,首先小组成员经过讨论与协商,对任务的目标、要求进行分析,使每个成员明确完成任务要达到的学习目标。其次,小组成员依据学习目标,提出尽可能多的解决问题的方案,从中选定最佳方案,并明确按该方案开始学习所需的资料及来源。再次,明确小组中每个成员的分工(定义角

色)。任务与角色是紧密联系的,合理的角色分配可以提高完成任务的效率与质量,保证小组成员的学习兴趣。角色分配时,要从小组成员的兴趣、能力出发,尽可能给每个成员提供扩展知识与技能的机会。角色分配要具有灵活性,可以按学习需要和自身发展的方向随时调整。合作学习过程中,最好保证每个成员都有机会尝试不同的角色。最后,每个小组最好有一名小组长,负责整个小组的统筹协调、整体策划。

(二)自主探索,积极协作

任务分工明确后,小组成员各自从不同方面入手,寻求相关资料来完成任务。这一阶段是整个学习过程的核心阶段,学生将投入最多的时间与精力来设计、开发、解决各自的任务。教师可从以下几个方面进行设计、组织与引导。

1. 创设适当的学习情境,提供必要的资源

在小学信息技术课中,要充分发挥计算机具有综合处理多种媒体的功能,从声音、色彩、形象、情节、过程等方面,设计适当的情境,使学生在这种情境中探索实践,加深对问题的理解。教师还要注重营造一个自然和谐平等的协作氛围,允许学生随时提出问题、相互讨论,对教师的讲话、观点提出异议,允许学生自主选择具体的学习方式(动手操作计算机、阅读课本、看电子教材、观看 CAI 课件、访问相关网站等),让学生学会处理个体与集体在时间、进度上的矛盾。此外,合作学习需要借助一定的学习资源。基于资源的学习方式是近年来随着计算机和网络技术的发展而出现的一种新型学习方法,尤其是利用网络的信息资源有效地获取信息已经成为小学信息技术课程的目标与任务之一,为此,教师应该提供必要的学习资源。

2. 要求学生自主探索

心理学家布鲁纳认为,学生通过亲自探索发现事物的关系和规律,能使学生产

生兴奋感、自信心,增强学生的内部动机。由于学生自己把知识系统化、结构化,因此能更好地理解、掌握、保持和运用学习内容。在这一阶段,教师切忌直接告诉学生应该做什么,只需要针对不同的角色,向他们介绍一些与任务完成相关的资料和如何充分利用好现有资料的建议,或提供一个完成任务的基本框架。教师要站在稍超前于学生智力发展的水平上,通过提问、观察、交谈来引导学生对解决问题所需的策略进行探索。

3. 鼓励学生积极协作

建构主义理论指出,协作发生在学习过程的始终,协作对学习资料信息的获取、分析、处理以及学习成果的评价都有重要的意义。教师要注意引导学生积极协作,让每个学生随时向小组成员传递自己已获得的资料、任务进展等情况,并主动了解其他成员的有关情况,在互帮互助中共同进步,让每个学生的思维成果为整个小组所共享。教师要适时组织小组交流讨论,针对小组协作中遇到的问题,及时调整计划、进度,甚至调换角色,从而使各小组进一步把各自的学习活动深入下去。

4. 尽可能为学生创设成功机会,树立帮助学生成功的教学观念

让学生在学习过程中不断地获得成就感,可以更大限度地激发学生的求知欲,发现自己的长处,充分发挥自身的潜能,始终保持稳定、积极向上的心理状态与情感,从而推动他们不断走向成功。

5. 倡导小组合作学习的同时,要强调组内个人之间的竞争

教师应引导学生竞争,比一比学习的主动性、自觉性,谁对问题本质的理解全面深刻,谁提出和探讨的问题最多,谁收集信息的渠道方式多、信息准确,哪个小组的协作、沟通能力强等。这种竞争是在协作基础上的竞争。每个成员的成功都与小组的成功联系在一起,每个人都成功就必须组内协作、互帮互助。

（三）交流体会，引导发言

合作学习过程中的交流环节，是学生由表及里、逐步突破重难点、层层递进地掌握知识与技能的过程。师生之间、学生之间的交流，能够使学生把在自主探索过程中形成的初步认知和动作技能上升为有意义的知识建构和心智技能。在这个过程中，不只是知识信息的交流与研讨，更重要的是语言的表达、思想的沟通、情感的交融和性格的磨合。这一阶段可以让学生担任教师的角色，在教别人的过程中学习。教的学生能够巩固所学知识，进一步反思自己在知识、技能、协作能力、认知策略方面的收获，被教的学生能够快捷地获得知识与技能，分享别人的成功体验，加深同学之间的情感。在学生交流过程中，教师要注意把握好学生发言、汇报的主题，不要偏题、离题。

交流环节可以在小组任务基本完成以后进行，也可以安排在学生探索协作过程中。较简单的任务可以在学生自主探索，获得成功体验后进行交流。对于较复杂的任务，在学生学习一段时间后，教师就应该有目的地组织、引导学生进行交流。

（四）归纳总结，评价成果

学生们通过参与合作学习过程，最终将获得一定的知识与技能，并产生成果（作品）。这时，教师应该适时地组织全班同学进行总结，并对整个学习过程和成果进行评价。总结主要是指每个小组或成员根据整个的学习情况，总结汇报小组或自己的学习方法以及获得的知识、技能、经验与体会，并以电子文稿方式写出小组总结或个人总结。汇报后，老师、同学可以提出一些建议，指出其优势与不足之处，并提出改进的方法，以便在进一步的学习中不断完善与提高。评价可以有多种方式，主要有小组自评与互评、小组成员自评与互评、教师评价小组与个人。评价的内容可以从交互氛围与效率、学习态度与动机、学习参与性与协作性、学习方法与手段、学习效率与效果、完成任务的情况、最终完成的作品质量、所掌握的知识与技能等方面进行。

第四节　"半成品加工"教学方法

考虑到小学信息技术课程中，小学生每节课的课堂操作时间都比较短，而所有的任务需要从头做起的情况下，总是有不少学生难以完成任务。而有些难度较大的知识的掌握，又需要学生一起来操作，效果会更佳，因此，采用"半成品加工"的策略，是实际教学中比较可取一种教学方法。

一、"半成品加工"教学策略概述

"半成品加工"是从工业半成品加工借用的词汇，在小学信息技术课程中，教师提供一些"待完成的教学模具作品"，为学生的学习提供一种真实的问题解决环境，让学生完成留下的需要解决的问题（也称"留白"）的一种教学方法。学生补充这些留白，对作品进行"再加工"，在形成"成品"的过程中开展教与学。

利用"半成品加工"教学法，无论是讲授还是练习，既不破坏整体作品的真实性、丰富性，又简化了整体策划、从头制作的过程，对学生操作水平差异和学生已有的知识水平差异进行屏蔽，使学生在同一个时间完成同一种操作训练成为现实，提高了课堂学习的效率，优化了学习情境与训练环境。

半成品加工教学法适用于难度较大的操作或任务完成过程中的难点处理。

二、"半成品加工"教学策略应用举例

（一）半成品加工策略的运用，有利于快速掌握操作

在画图的教学中，如何运用"曲线"工具的"封闭曲线"知识的掌握，对小学生

是比较难的。教师可以设计"半成品",要求学生分别在每个方格里,按照顺序,使用曲线工具单击红点,就能掌握操作的要点。

学生通过自主探究,很容易就归纳出封闭曲线的绘画方法。这样的学习效果远远强于教师示范操作,提高了学习效率,成功的喜悦更加增强了学生的自信心,在之后的徒手画汗滴的练习中,更显得得心应手。

(二)半成品加工策略的运用,有利于知识的巩固

在"图形的选定和移动"这一教学内容的教学过程中,学生学习过新知识后,安排"半成品加工"环节——设计学校花园。看看谁的作品技术运用最熟练,设计思路最创新,画面布局最优美。因为在短短的练习环节中,要求学生独立运用"图形的选定和移动"这一知识点来制作出一件成品来,时间肯定是不够的。而这样的教学环节设计,既有利于学生对知识巩固和加强,又能给孩子留一些空间自由发挥,更有成就感,从而达到更优化的课堂教学效果。

(三)半成品加工策略的运用,有利于能力的提升

在学生学习了在 Word 中插入图片后,教师设置了评选"最美笑脸"的环节。首先为每位学生提供了一个评价的文档,让学生按照本节课课堂中每一个教学任务的完成情况,自主填写评价表。如果每个同学的每一项任务都完成了,刚好可以填满这个表格中的所有空白圆形,"最美笑脸"应运而生。设计这样的学生自我评价的环节,目的不仅是让学生对所学知识能够灵活运用,还能让学生学会评价、学会公正地评价、学会多角度多方法公正地评价自己,有利于学生能力的提升。

因此,在小学信息技术课堂教学中,有时采用"半成品加工"的教学方法,也能起到较好的学习效果。

第五章　小学信息技术课程教学内容分析

第一节　操作系统的教学内容分析和教学参考

作为管理和控制计算机系统软硬件资源、提供用户和计算机连接的操作系统在信息技术中占有重要地位，几乎所有的省市都把操作系统列为必学的内容。而目前大部分应用软件都是基于 Windows 平台的图形操作界面，因此掌握 Windows 操作系统对学生学习和使用大部分应用软件具有重要的作用。本节着重介绍 Windows 操作系统的主要教学内容、教学要求和教学参考案例，这对其他操作系统如苹果 iOS、安卓等的教学也有借鉴作用。

一、教学内容分析和教学要求

小学信息技术课程中关于 Windows 操作系统的学习主要有以下 4 个部分：操作系统基础、鼠标与键盘的使用、附件程序的应用、文件系统管理。

(一)操作系统基础

小学阶段操作系统基础的主要学习内容如表 5-1 所示。

表 5-1　操作系统基础学习内容

内容	学习要求
操作系统基础	1. 认识 Windows 的基本界面、Windows 窗口的组成,学会软件的打开与关闭。 2. Windows 界面各部分规范的名称及其基本操作。 3. 使用 Windows 窗口中的"最小化""最大化""关闭"等按钮。 4. 掌握桌面背景的设置方法。 5. 了解其他的操作系统,如苹果 iOS、安卓系统等。 6. 了解屏幕保护的作用,会设置与更改屏保。

(二)鼠标与键盘的使用

鼠标和键盘是计算机常见易用的输入设备,也是图形化操作系统的基本设备之一。认识鼠标,掌握鼠标的指向、单击、双击、拖放等操作;熟悉键盘的布局,知道正确的键盘操作姿势,掌握正确的键盘指法,并达到一定的字符输入速度。这些是学习信息技术学科的基础入门技能。小学阶段应能熟练使用鼠标与键盘,主要学习内容如表 5-2 所示。

表 5-2　鼠标与键盘学习内容

内容	学习要求
鼠标	1. 认识鼠标的基本组成与功能,知道鼠标的正确握法。 2. 熟练掌握鼠标的指向、单击、拖放、双击操作。
键盘	1. 认识键盘、了解键盘操作指法。 2. 学会上、中、下排键的操作指法。 3. 学会上档字符的输入方法。

内容	学习要求
键盘	4.学会用大写字母锁定键和 Shift 键切换实现大小写字母输入的方法。

(三)附件程序的应用

Windows 附件中包含了不少小巧而实用的工具软件,通过学习与使用这些工具软件,学生可以掌握基本的程序使用方法,尽快熟悉 Windows 系统的特点。小学信息技术课程中涉及的附件程序一般有"计算器""写字板""录音机"和"画图"等,其中"画图"程序是学习的重点,因此放在后面章节中专门介绍,"计算器""写字板"和"录音机"的基本学习要求如表 5-3 所示。

表 5-3　附件程序学习内容

内容	学习要求
计算器	1.会打开计算器,认识界面,掌握使用方法。 2.能用计算器解决数学问题
写字板	1.学会"写字板"程序的启动和退出。 2.掌握"写字板"程序中文档的保存方法。 3.利用写字板开展指法练习,学习初步的文字处理方法。
录音机	1.学会利用话筒和"录音机"来录制声音。 2.会保存录制好的声音文件。

(四)文件系统管理

文件是计算机组织数据的基本形式,而文件系统管理则是操作系统的重要功能。小学阶段的文件系统管理学习要求如表 5-4 所示。

表 5-4　文件系统管理学习内容

内容	学习要求
文件系统管理	1. 理解文件与文件夹的概念,能区分文件与文件夹。 2. 了解常见文件的格式、大小、扩展名等概念。 3. 熟练掌握文件的复制、粘贴、删除、移动等操作。 4. 掌握新建、移动、重命名、删除文件夹等操作方法。 5. 能根据文件类型或资料特征建立相应的文件夹,初步具备一定的文件管理能力。

二、教学参考

操作系统是负责管理计算机的软硬件资源、提高计算机资源的使用效率、方便用户使用的程序集合。小学信息技术中对操作系统的学习重在使学生掌握操作系统的基础知识和基本的操作技能,养成良好的使用习惯,在教学时要注意以下几点。

(1)操作系统的教学内容大多是基础概念和基本操作,一般都是小学起始阶段开始学习的。如操作系统基础、鼠标、屏幕保护、附件等相关知识点的学习都在三年级上册展开,部分会在三年级下册进行复习巩固。同时,考虑到这些内容对后续信息技术学习的基础性特点,教师在第一次讲授新知识点时,要讲清概念,讲对方法,讲透操作要领。学生要认真学习,反复练习,熟练掌握。考虑到小学生喜欢玩游戏的天性,在相关内容的教学中,教师可以采用游戏教学法。如对鼠标的教学,教师可以采用"涂色游戏""拼图游戏"等益智游戏软件,可以让学生既感兴趣又能很快地熟悉鼠标的操作;而"用鼠标指挥计算器"主要是巩固鼠标的使用,并掌握用鼠标操作计算器的方法。在网页上浏览画图作品时,观察鼠标指标的变化,找到网页中的超链接;学会用鼠标调整窗口大小,知道鼠标指针的变化表示什么状态等。

(2)教师要关注学生信息技术使用习惯的培养,使学生明白良好的上机习惯和正确操作方法的重要性。如掌握正确的开关机,学会正确的鼠标操作手法将会终身受益。教师在课堂中教学语言力求规范,如鼠标的各类操作、Windows 窗口的组成等教学中,教师要使用规范的名称,不要用"点击""指到"等不规范的习惯用语。如在键盘输入教学时,让学生明白只有通过反复的练习才会熟练。首先要注重指法的规范,不要盲目追求速度。指法学习比较枯燥,教学中应开展多种练习游戏,激发学生的学习兴趣。学生的指法技能的差异是非常显著的,教学时要注意分层。指法学习时的每一课都是关联的,在后一课的学习中要注意与前面知识的衔接。

(3)要建立信息技术课程教学常规,通过期始教育、课前指导,每学期都坚持,如信息技术课有哪些基本要求,进机房要有序排队,进入机房要带哪些文具,哪些是不能带入机房的,下雨天进机房要注意什么,等等。这些内容不应简单地说教,而是要通过实践让学生明白,良好的上机习惯很重要。强调公共计算机的使用规则,注重信息技术课程学习中的信息伦理道德渗透,如在屏保设置时不要设置个人密码、对他人的文件和文件夹不要随意浏览、删除等。要关注学生课堂游戏情况,不要随意在课堂上玩游戏或把"玩游戏"作为奖赏。

(4)在开展文件与文件夹的教学中,教师的理解一定要到位。它在整个小学阶段的信息技术教学中非常重要,随着学习的深入,对文件与文件夹的操作与掌握程度也在逐渐加深。学生对文件与文件夹的熟练掌握与应用,既是对 Windows 系统的进一步理解,也为今后掌握更多的信息技术知识打下了扎实的基础。

基于以上几方面的考虑,教学时可以采用"替代式教学策略"和"独立学习与小组学习策略"等教学策略相结合,认真钻研教材,找准教材的重难点、教学环节等,精心备课,设计优秀的学习任务,布置高效的上机作业等。对于概念性的知识,如操作系统、桌面、窗口、屏幕、文件等知识,以教师讲解为主,同时要研究设计一些有针对性、趣味性的上机任务,通过完成这些任务,让他们有足够的练习时间,真正使学生能够掌握。

第二节　数字绘画的教学内容分析和教学参考

一、教学内容分析和教学要求

小学信息技术课程中的数字绘画主要有两部分内容:Windows 画图和金山画王。绘画是小学生比较感兴趣的一个内容,因为从幼儿园开始就有美术课,大部分小学生都有画儿童画的学习经历。用计算机进行数字绘画,既有画儿童画的实践技能,又能激发学生的好奇心和浓厚的学习兴趣。

(一)Windows 画图

"画图"是 Windows 自带的程序,是一款标准的 Windows 下的应用软件,操作比较简单,界面简洁,国内多数小学信息技术教材都安排了"画图"程序的学习。在信息技术课上学习"画图",不同于美术课中的绘画,主要是让学生利用计算机绘画的过程中,既能学习计算机应用软件的基本操作方法,又能了解用计算机绘画的一般方法,同时能熟练鼠标的操作技巧。因此,信息技术课程中的"画图",只是一个学习的载体,基本的教学内容和要求如表5-5所示。

表 5-5 Windows 画图学习内容

内容	学习要求
Windows 画图	1. 认识"画图"程序的界面,会打开、保存画图文件,学会"撤销""重做"按钮,会使用画图中的"帮助"。 2. 掌握"铅笔""刷子""橡皮"等绘画工具的特点和使用方法。 3. 掌握"直线""矩形""椭圆""圆角矩形"等形状工具的使用。 4. 掌握"选择""用颜色填充""放大镜"工具的用法。 5. 学会复制与粘贴的方法,对选定的图形进行变换与删除。 6. 将作品设置为桌面背景、打印、欣赏评价作品。

(二)金山画王

"金山画王"作为一款专为儿童设计的绘画程序,在易用性、趣味性方面有其独到之处。在小学信息技术课程中安排"金山画王"的学习,可以让学生通过数字绘图程序的学习,初步感受到程序是人们根据不同的需求和理念设计、编写出来的,同时有利于保持学生的学习兴趣,让学生在主动的探索、尝试中学习。

表 5-6 "金山画王"学习内容

内容	学习要求
金山画王	1. 认识金山画王的界面,会打开、保存金山画王绘画文件。 2. 掌握画板中各种"画笔"和"仙女袋"的使用方法。 3. 掌握"背景""角色""动画"等工具的使用方法。 4. 掌握"暗房"特效、"图层"管理的方法。 5. 综合运用绘画工具,开展数字绘画创作。

二、教学参考

在计算机数字绘画的教学中,重在渗透用计算机表达思想的意识和使用计算机的能力。在教学时,要让学生体会到用计算机绘画与用纸和笔绘画的不同特点,特别是用计算机能够处理纸和笔很难完成的图形处理的功能,如图形的复制、旋转、缩放等功能,在纸和笔绘画中很难画出一模一样的两个图像,也无法将画好的画进行大小方向的调整,而计算机却可以轻易地做到;又如用计算机可以轻易地对几个图形进行合成等,通过比较,使学生体会到数字化处理的魅力,为将来灵活运用计算机解决问题打下基础。

在 Wmdows"画图"程序教学中要借鉴美术的方法,同时突出数字绘画的优势。学生使用计算机进行简单的绘画创作,这种绘画创作在美术的方法与美术课绘画是一致的。因此,在教学中注意引导学生利用已经掌握的美术知识技能为计算机绘画服务,如美术绘画中色彩的搭配、画面的布局、物体的比例等。在作品创作过程中,应尽量让学生自主设计,而不是简单地模仿;在作品展示的过程中,尽可能让学生成为评价主体,教师可以让学生自己去理解和评论他人的作品,从而学会多角度审美。

另外,要强调的是,在学习 Windows"画图"程序时,学生可能是首次接触到文件的保存,因为文件管理能力是小学阶段重要的学习内容之一,因此,在教学时要注意提醒学生在保存文件时必须注重文件的位置和名字,以便于今后的使用。在第一次保存文件时,可以故意全部按系统默认的位置和文件名进行保存,然后在需要用到的时候,让学生来找,顺势提出文件保存应该关注文件的位置、文件名字的重要性。

在使用金山画王创作数字绘画作品教学时,重在综合运用金山画王提供的素材,创作出个性化的作品。可初步引导学生自主探究各种工具的使用,通过与"画图"程序的比较,能说出计算机绘画的一般方法,体会不同程序的特点和应用场合,初步培养学生的综合运用能力。金山画王保存作品的操作方法和"画图"程序的操作方法不同,教学时要注意指导。

用计算机绘画的教学实践性很强,可采用任务驱动教学法,把握学生的认知起点和生活经验,特别是生活中的儿童绘画经验与技巧,设计有趣的操作任务进行数字绘画学习与创作,用学生原有的知识和经验去解释、同化新知识,对原有的认知结构和经验进行修正和扩充。通过"同化"和"顺应"达到对新知识的有意义的建构,使教学问题得到解决,信息素养得到提高。

第三节　文字信息处理的教学内容分析

一、教学内容分析和教学要求

小学信息技术课程中文字信息处理部分的内容主要有文字处理软件的基本操作,文章的编辑、排版和保存,能综合运用文字处理软件解决实际问题,如撰写调查报告、编辑小报等。

目前,常用的文字处理软件主要有 Word 和 WPS,从界面到功能基本差不多,都是基于 Windows 平台的,具有良好的兼容性和操作的简便性,所以其教学方法和要求基本一致。小学信息技术课程中关于文字信息处理方面的主要学习内容如表5-7所示。

表5-7 文字信息处理学习要求

内容	学习要求
文字信息处理	1.认识文字处理软件界面,掌握文本的字体、字号、字形、色彩的设置。 2.掌握段落、背景、边框等页面布局调整设置方法。 3.掌握艺术字、剪贴画、文本框及自选图形的插入与设置方法。 4.能运用文字处理软件编排简单的文档,如个人数字名片、通讯录、作文集、电子小报等。

内容	学习要求
文字信息	5.初步掌握利用文字处理软件综合处理信息的一般方法,如将调查数据用表格统计汇总分析,制作成不同类型的图表,撰写一份个性化的调查报告。

二、教学参考

用计算机作文是小学信息技术课程的重要学习内容,也是学生必备的信息技术技能,文字处理一般贯穿整个小学信息技术课程的始终。教学时需要把握好以下几个方面。

(一)Word 文字处理的基本操作

学生在学习 Word 时,一般已有"记事本"或"写字板"的学习经验,因此可以利用学生已有基础,采用知识迁移法展开教学,以逐步培养学生的自主探究的能力。对于文字处理的内容,建议尽量采用学生已有的作品,如学生自己写的作文或小练笔,让学生自己输入计算机中,从文字输入开始,体验文字处理的全过程,学会文章编辑、排版和保存的基本方法。

在文字处理的起始学习时,学生的汉字输入速度可能会是一个瓶颈,因此要加强文字输入基本功的训练。每节课的知识容量要把握好,要让学生有足够的实践时间。文字处理教学内容一般存在着相互依存、逐课递进的关系,通过几节课时间来完成一个较独立和完整的作业项目,因此要注意指导学生保存好每一次作业文档,按时上传或备份。

(二)表格的学习与应用

它是文字处理中一个非常重要和基础的技能。要引导学生了解表格的基本构成,知道表格的作用。在第一次学习表格时,可以进行详细讲解,让学生充分理解行、列的概念。在用表格制作作品时,要明确为什么要先明确几行几列,然后设计制作满足实际需要的表格。另外,文字内容和表格大小的匹配是一个难点,在表格格式的设置和美化中,要鼓励学生尝试根据文字内容来确定表格的大小,让表格显得更加美观。

(三)小报的制作

电子小报是学生日常学习和生活中经常会用到的信息表达方式,用 Word 制作电子小报也方便易学。小报一般都要求图文并茂,需要用到 Word 中的艺术字、图片的插入和编辑等技巧,增强作品的艺术性和感染力。教学时可以先提供两个简单的小报制作范例,从搜集整理素材、版面设计、编辑制作等环节、较完整地展示小报制作的过程,让学生从整理资料开始,学习小报制作过程中的基本技巧,完成一份简单的小报。

(四)用自选图形设计标志

自选图形包括矩形、圆、线条和连接符、箭头总汇、流程图符号、星与旗帜和标注等。掌握常用的自选图形应用方法,能更深入了解和提升文字信息处理的能力。在这一内容教学时,要强调设计主题健康、有人文内涵;提供的参考资料相对丰富广泛、能让学生有发挥空间;要引导学生尽量使用基本图形,通过旋转、着色、组合、叠放来构造标志;设计作品力求简洁,以达到培养学生观察力和二维空间想象力的目的,避免一味追求技术难度的误区。

(五)图表的学习应用

对大量数据的处理是计算机的优势之一,表格和图表是信息处理中 2 种常用的方式。在小学阶段,学生在其他学科中对调查研究已有一定的接触与学习,对调查数据有一定的感性认识和处理经验,因此利用 Word 中的图表处理功能,可以让学生初步体验计算机在数据处理与分析上的优势,掌握在文档中插入图表的方法以及图表的功能。

文字处理内容的教学可以采用"探究学习法"和"任务驱动法"等方法,在学习任务的设计上,要充分考虑前后学习内容上的关联,以及知识技能的综合应用,让学生体会到学以致用的思想。

第四节　网络技术的教学内容分析和教学参考

一、教学内容分析和教学要求

小学信息技术课程中网络及其简单应用部分的内容主要有网上信息的获取、网络交流、网络应用等 3 个部分。

(一)网络信息的获取

网络已经和人的学习、工作和生活密切相关,从网络获取知识成为新的学习模式,而从网络获取信息、存储信息、整理加工信息、应用信息已经成为信息素养的重要组成部分,学会利用浏览器收集资料成为小学生学习信息技术的基本技能之一,主要学习要求如表5-8 所示。

表5-8　网络信息的获取学习内容

内容	学习要求
网上信息的获取	1. 能利用主题目录、搜索引擎等方法搜索信息。

内容	学习要求
网上信息的获取	2.能熟练掌握从网页上下载文字、图片等方法,并能分类保存。 3.会在线欣赏音乐,并能下载保存需要的音乐文件。 4.会通过网络发布调查主题,获取调查数据。

(二) 网络交流

信息的分享与交流是网络最重要的功能之一,也是学生在网络社会中必备的技能。要鼓励学生掌握利用现代化信息技术获取知识的能力,促进学生运用信息技术开展课内外学习和研究。

网络交流的方式有很多,各个版本的教材在这一内容的安排上不尽相同,不过电子邮件一般都会讲到,其他如在线交流、网络社区活动等内容不同省市会有不同侧重。

网络交流首先会遇到注册问题,商业化的网络社区注册还会夹杂着大量不适合小学生的内容,小学阶段学习这一内容时,一般会利用学校网站、教师自建平台等方式,浙江省开发了一个专门用于信息技术学科学习的平台,既可以让教师利用学习平台开展教学,更可以让学生体验网络学习的优势,为终身学习打下基础。

(三) 网络应用

随着信息技术的发展,网络与人类的生活越来越紧密,学生的网络活动也越来越多,利用网络进行学习、查询商品行情、制作旅游攻略等技能在小学高段已经可以逐步接触。通过网络应用的学习,可以让学生了解网络在学习与生活中的作用,体验网络为学习和生活带来的便利,感受网络对社会发展带来的影响。小学阶段有关网络应用方面的学习要求如表5-9所示。

表5-9　网络应用学习内容

内容	学习要求
网络应用	1. 能进行网上虚拟旅游,查找感兴趣的景点。 2. 会查找感兴趣的学习网站,并能浏览学习。 3. 能进入网上图书馆,在线阅读自己喜欢的作品。 4. 能通过网络查找并了解产品品牌、价格和评测。 5. 会使用网络在线中英文电子词典,解决学习问题。 6. 能在线查列车时刻表、景点介绍等,撰写一份旅游计划书。

二、教学参考

网络应用方面的学习内容并不复杂,但涉及的范围比较广,而且对于环境有一定的要求,如必须开通因特网,网速要稳定,网站要健康等,因此在开展这方面的教学时,课前的精心准备与测试很重要,课堂管理能力要求也比较高。具体教学时,应注意以下几点。

(一)借助专业平台,实施网络教学

当前网络在线学习平台良莠不齐,有 IP 地址和人数限制、同时访问时速度慢、论坛经常性假死、网站弹出不良信息等不利因素,给课堂教学造成许多不利影响。为解决这种状况,浙江省教育技术中心和省教育厅教研室联合开发了浙江省中小学信息技术课程配套网络学习平台,为信息技术学科教学搭建了一个专用学习平台,其他省市也可以借鉴这样的做法。通过学科学习平台讨论课程相关问题或开展持续深入的主题研讨,学会网上注册、发表观点、发布成果、交流评价等技能;通过在学科学习平台上共享信息、获取支持、交流思想,学会运用网络学习工具进行合作学习,开展健康的社会交往。

教师要认真做好网络的初始化工作,保证每位学生的账号都能注册成功。课前要添加网络主题学习任务,"任务描述","任务指南","资源下载"和"最新成果"等模块中的内容翔实、步骤清楚、要求明确,方便学生在课内外的浏览与自学。

(二)研究搜索技巧,提高课堂效率

网上资源虽然十分丰富,但也比较混乱,如何在网上准确而迅速地查找到所需资源,"关键词"的确定起着较大的作用,查找时关键词使用是否正确将对搜索结果产生很大的影响。在这部分内容的教学中,可以首先确定一个查找目标,如"找一个学习儿童英语的网站",然后让学生自己试着确定关键词并且上网查找,将几个比较有代表性的学生的关键词及查找结果列出来,通过比较使学生对如何选取正确的关键词有比较深刻的理解。

掌握了多关键词的搜索后,可以开展一个搜索竞赛,让学生上网搜索网上学校,比比看哪个同学搜索到的网上学校又多又好,这里也可以结合日常教学中相应的任务或活动,学生不仅能进一步巩固多关键词的搜索技能,还能提高课堂学习的效率。

(三)把准认知起点,实践网络应用

在开展网络及其简单的应用教学时,一定要把握学生的认识起点,任务设置难易要适中,如给出一个生僻字"犇",要求学生按头尾相接的规则进行成语接龙的比赛。比一比谁在3分钟内接的成语最多。老师提示并引导通过网络来完成,通过竞赛、小组合作等方式,扎实地掌握网络应用技巧。

学生掌握网络知识与技能的最终目的在于应用和解决实际问题。让学生完整地体验"信息获取—整理—加工—呈现"这一模式,掌握初步应用网络的方法。例如,可以布置"中华传统节日"和"标志知识"等学生比较感兴趣又熟悉的学习主题任务,通过学习体验"了解相关知识—明确任务—获取信息—整理加工—呈现作品"这样一个相对完整的过程。

(四)关注网络安全,养成自觉遵守信息伦理道德的习惯

教学中要结合实例讲解,使学生对个人信息资料与身心安全的潜在威胁有一定的认识,从而形成网络交往中必要的自我保护意识,知道不恰当的网络应用和网络交往可能产生的后果。在网络学习中,要关注学生的评价、留言等网络信息,加强网络相关的法律、法规在课堂中的渗透与教育,培养学生健康向上的网络道德意识,营造良好的网络学习环境。

基于以上分析,网络应该教学在采用任务驱动法的同时,可以结合"探究学习法",教师出示任务主题,明确作业要求,学生通过网络自主学习、研究、交流、讨论,分享学习心得,完成网络调查、实践网络应用,提高学科技能。教师主要起引导、提示、铺垫、关注、分享者的角色。

第五节　多媒体信息简单处理的教学内容分析和教学参考

一、教学内容分析和教学要求

小学信息技术课程中多媒体信息简单处理部分的内容主要是有演示文稿制作、声音处理、图片处理、电子相册制作、GIF 动画制作等。

(一)演示文稿制作

PowerPoint 是常用的多媒体作品制作软件之一,能较方便地将文本、图形、照片、

视频、动画等多媒体进行综合运用。在小学信息技术课程中，用 PowerPoint 制作演示文稿重在对多媒体素材的合成，学生能借助演示文稿表达观点，以及语言表达、合作能力方面的培养。这部分的主要学习内容如表 5-10 所示。

表 5-10　演示文稿制作学习内容

内容	教学要求
演示文稿制作	1. 认识 PowerPoint，掌握演示文稿中文字、艺术字、图片、新幻灯片的添加、主题的。2. 设置、放映、动画设置、文件的保存等技巧。 3. 能在演示文稿中插入音频、视频文件，并能调整它们的播放效果。 4. 可以在演示文稿中对相关对象设置超链接，实现幻灯片之间灵活跳转。 5. 能设置幻灯片的切换效果，了解常用的播放技巧和演讲注意事项。

（二）声音处理

声音是多媒体作品中的一种重要素材，但在小学信息技术课程中对声音的处理要求并不高，一般都重在让学生了解常见的声音文件及能播放声音文件即可。但也有部分地区安排了创作音乐的内容，以提高学生的综合能力，如用"作曲大师"创作 MIDI 音乐内容。"作曲大师"是一个比较易学的乐曲制作软件，用"作曲大师"能让学生了解数字音乐，掌握简单的作曲方法与技巧，感受数字音乐的神奇魅力，激发创作乐曲的欲望，声音处理的学习内容如表 5-11 所示。

表 5-11　声音处理学习内容

内容	学习要求
声音的简单处理	1. 认识音乐文件及其格式。 2. 能用录音软件（如录音机程序）录制声音。 3. 能用 Windows Media Player 播放声音文件。

续　表

内容	学习要求
音乐制作	1. 作曲大师界面的认识和初步使用,了解 MIDI 格式数字音乐。 2. 在作曲大师中输入乐曲,变换演奏。 3. 用作曲大师创作乐曲。

(三)图片处理

在小学信息技术课程所要求的作品制作中,图片是最常用的素材。众所周知,针对不同的应用需求,图片处理的难易程度差别也较大。但在小学阶段,图片处理要求比较简单,一般以图片的浏览、修改、调整等为主,在处理软件的选择上,一般以简单易学为原则,如 ACDSee、光影魔术手等,也有的教材中会利用简单的合成软件将图片作品进行合成,制作成电子相册这类的作品,基本的学习要求如表5-12所示。

表 5-12 图片处理学习内容

内容	学习要求
图片处理	1. 用图片浏览工具浏览图片,管理图片文件。 2 图片的旋转和裁剪。 3. 图片亮度调节,图片大小调整。
电子相册制作	1. 用数码大师将图片和声音制作成简单的电子相册。 2. 给图片添加注释和特效,导出成电子相册礼包。

(四)GIF 动画

动画是多媒体技术中重要的一块内容,小学阶段开展动画入门学习符合儿童的兴趣发展特点。动画的格式种类繁多,GIF 动画的制作和运用相对简单易学,符合小学生的兴趣与能力水平。

表 5-13　GIF 动画学习内容

内容	教学要求
GIF 动画	1. 了解 GIF 动画的基本原理,学会"Ulead GIF Animator"软件修改和制作 GIF 动画。 2. 利用"Ulead GIF Animator"软件中的"自动渐变"功能制作 GIF 文字动画。 3. 利用"Ulead GIF Animator"软件中的"动画向导"制作 GIF 人物动画。

二、教学参考

多媒体技术是指利用计算机对多种媒体素材进行综合处理和管理,使用户可以通过多种感官与计算机进行实时信息交互的技术。多媒体信息处理是信息技术的一个重要领域,涉及内容广泛,其表现形式形象直观。在教学时要注意以下几个方面。

第一,学生通过三、四年级的学习,已经初步掌握了文字处理技能,会用计算机画图、对声音也有了一定的了解。本部分从获取多媒体素材,图片、声音的加工处理,制作简单多媒体作品等方面让学生较系统地学习多媒体知识和技能,掌握常见多媒体素材在日常生活中的实际应用,并为后续的学习做好准备。

其二,图片、声音等多媒体信息进行简单的加工、制作时,教师在选择教学素材时不仅要注意围绕主题,还要注意素材的典型性,如提供的图片素材中应有取景不合适、曝光不充分等,使得这些素材能在多节课中充分发挥作用,制作练习的数字 MIDI 音乐要使用学生熟练的歌曲或音乐,特别是用于练习的素材建议尽量贴近学生生活,如学生自己的绘画、书法作品,课前老师应引导学生利用照相机、手机等设备自己采集素材。

第三,数码照相机、录音笔、数码摄像机是图片、声音、视频三类多媒体采集工具的典型代表,而智能手机可以采集多种媒体信息,在日常生活中越来越常用,因此教学中以这 4 种工具为例让学生对多媒体采集工具有一个较为全面的认识。多媒体素材都用数字化的形式存储在计算机中,教材以小知识的形式介绍了二进制的概念,使学生了解信息数字化的本质。

第四,在多媒体信息简单处理时,会涉及多种媒体格式的文件,这也是对文件的知识和对文件进行分类、整理的技能训练的良好时机。在教学中,应充分利用教学素材内容丰富、文件类型多样的有利条件,有意识地引导学生在打开文件和保存文件时观察文件的格式、大小,加深对文件属性的认识。

第五,在前期素材的准备过程中,以及课后学生作品的交流、展示中都应充分利用网络学习平台、QQ、邮箱等信息交流方式。相似的软件还有很多,如美图秀秀、屏保专家等,在教学时,可以引导学生自行探索、学习。

第六节　程序设计的教学内容分析和教学参考

一、教学内容分析和教学要求

小学信息技术课程中有关程序设计部分的内容主要有 Scratch 程序设计、Logo 语言程序设计等。

(一)Scratch 程序设计

Scratch 是麻省理工学院媒体实验室开发的计算机程序设计语言,它以形象、直观的积木式指令代替了枯燥、难记的代码指令,可以方便地创建交互式故事、动画、游戏、音乐等丰富的程序作品,非常适合小学生学习,并且具有面向对象程序设计的特性,是学生学习和感受计算机编程、培养计算思维比较理想的载体。小学阶段有关Scratch 程序设计的主要学习内容如表 5-14 所示。

表 5-14　Scratch 程序设计的学习内容

内容	学习要求
Scratch 程序设计	1. 认识 Scratch 界面,初步了解功能,体验编写脚本的过程。 2. 通过说话脚本的编写,熟悉 Scratch 程序设计的一般过程。 3. 通过唱歌和跳舞的场景的设计,学会动作和声音脚本编写。 4. 初步学会键盘触发脚本的编写。 5. 能综合运用各种脚本创作简单作品,如迷宫游戏。

（二）Logo 语言程序设计

Logo 语言是一款经典的、适用于小学生学习的程序设计语言,从 20 世纪中小学开设计算机课程开始,就成了多数教材中的入门学习语言,至今还有部分地区和学校在开展这方面的学习和竞赛。Logo 语言的基本学习内容如表 5-15 所示。

表 5-15　Logo 语言程序设计的学习内容

内容	学习要求
Logo 语言程序设计	1. 认识 Logo 语言的界面,会安装软件,会用两种方式打开和关闭,会用命令行编辑。 2. 掌握 Logo 语言中的常用命令,如前进、后退、转向、清屏、显龟、隐龟、退出等命令。掌握颜色设置与图形填充命令。 3. 熟练掌握重复命令,能用重复命令画正多边、正多角星、圆、规则图形。能用重复命令嵌套来画一些复杂的图形。 4. 掌握 Logo 的算术命令,能开展一些数学计算。

二、教学参考

随着社会信息化程度的不断深入,运用计算机解决问题的能力成为人们越来越重要的素养。计算机程序设计是培养学生运用计算机解决问题能力的重要途径,也是培养学生严谨的逻辑思维与创造革新能力的载体。教学时要关注和把握好以下几个方面。

第一,计算机程序设计对逻辑性、思维严谨性要求比较高,小学生处于逻辑思维发展的起步阶段,过于严肃的编程任务会让学生产生枯燥感,扼杀进一步学习的兴趣。例如,Scratch 软件对演奏音乐、实现动画具有较好的支持性,并且软件本身内置了大量的卡通角色、声音素材,这些特性使得在 Scratch 中可以开展比较生动活泼的编程创意活动。为了更好地激发学生的学习兴趣和热情,本内容可以围绕载歌载舞这样生动形象的主题来展开学习。

第二,在开展序设计学习时,学生对顺序结构设计的学习和应用体验,为认识和理解分支结构、循环结构的设计奠定基础。由于现实生活中学生已经有了丰富的"重复做一件事情"的生活经验,所以学生对循环结构的理解相对分支结构要更容易一些。例如,开展 Logo 语言教学时,可以出示大量用重复命令绘制的精巧复杂的图形,来吸引学生的兴趣,引导学生开展自主探究,体检程序设计的特点,掌握循环结构的学习。

第三,在程序设计教学中,要充分考虑小学生的认知规律、心理特点,并结合学生的生活经验,让学生亲身经历提出问题、分析问题、解决问题的过程。注重解决问题方法与策略的培养,例如,学习 Scratch 的意义不在于让学生明白指令的作用,或者是完成某个项目、实现某个功能,而是让学生学会解决实际问题的方法与策略。教学过程中要引导和鼓励学生之间的交流和互助,激发学生善于运用不同方法来解决问题。

第七节　智能机器人的教学内容分析和教学参考

一、教学内容分析和教学要求

机器人是信息技术的前沿领域,作为人工智能技术的一种直观、形象的具体运用形式,能够将抽象的程序代码以外在的动作行为的方式呈现出来,变抽象为直观,能够有效激发学生的好奇心和强烈的探究愿望,也是开展计算机程序设计教学理想的载体。在中小学推进智能机器人教育对提升中小学生的创新意识和实践能力,具有重要的现实意义,对我国智能机器人领域的科技创新和发展,也具有重要的战略意义。因此,在小学阶段开展机器人教学的地区越来越多,部分省区市已将机器人学习内容编入小学信息技术必修教材中。

小学信息技术课程中智能机器人开展主要有 3 种形式:实物机器人、虚拟机器人以及实物虚拟相结合的方式。"虚实结合"方式是对前两种方式的取长补短,因此具体的机器人学习可分为实物机器人和虚拟机器人学习两种方式,基本学习要求如表5-16 所示。

表 5-16　智能机器人学习内容

内容	学习要求
实物机器人	1.了解机器人的由来、特征、分类、功能,认识机器人的结构和各部分名称。 2.认识编程的界面,了解程序的主要模块及其作用。 3.学习和熟练顺序语句、循环语句的编程方法,初步掌握分支语句的使用。 4.学会使用常用传感器,如碰撞传感器、红外传感器等。

续　表

内容	学习要求
虚拟机器人	1. 了解虚拟机器人的一般使用方法,熟悉应用环境,能保存虚拟运行环境和机器人。 2. 能根据某项任务较熟练地设计搭建虚拟机器人。 3. 能调入、修改、调试相关的机器人执行程序。 4. 较熟练地运用虚拟环境中的模块设计程序,如顺序、循环、分支、判断、检测、传感器等积木式程序。 5. 能在单机或网络环境下对虚拟机器人进行运行调试、修改、完善,并能顺利执行。

二、教学参考

无论是开展实物还是虚拟机器教学,都要注意以下几个问题。

(一)以学生为主体

让每一位学生都参与编程和调试的活动,在编程调试的过程中,重视学生的主体参与、自我探究、自我发现。注重对学生学习经验的培养,注重学生体验、感悟和实践的过程,注重学生个性的健康发展和对学生的创新精神、实践能力、探索能力、研究性学习能力的培养。

(二)以教师为主导

教师在课堂中起帮、扶、协调作用,指导弱势学生,总结好的经验。通过从简单到复杂任务的设置,从个人到小组再到大组的合作学习模式,使学生领悟到更多、发现得更快,最后引导学生把自己的所得通过实际应用展示出来。

(三)设计量化规则和活动表格

各小组需要在规定时间内完成机器人搭建和程序设计;机器人在检阅过程中要

求不能碰撞；在活动中能体现本组的风格和特色；小组协作，人人参与，文明守纪等。表5-17是一份机器人课堂活动报告范例。

表5-17　机器人课堂活动报告

填表人：　　　　　　　　　　　　　　　日期：

成员名单		
小组合作	职责明确，分工落实(好3分，一般2分，合格1分)	分
	团结协作，团队精神(好3分，一般2分，合格1分)	分
设计构思	构思是否符合主题(好3分，一般2分，合格1分)	分
	设计的合理性(好3分，一般2分，合格1分)	分
	作品的创新性(好3分，一般2分，合格1分)	分
编程调试	程序是否调试成功(好3分，一般2分，合格1分)	分
	实验步骤清楚(好3分，一般2分，合格1分)	分
	实验结果与构思的一致性(好3分，一般2分，合格1分)	分
总分	我们的总分是(　　)分　　说明：得分在20分以上，恭喜你们，本次活动非常成功。　　得分在11~19分，祝贺你们顺利完成任务。　　得分在10分以后，下次你们要更加努力才行呀。	
经验总结		
收获体会		

参考文献

［1］ 周兴国,段兆兵. 课程与教学论［M］. 合肥:中国科学技术大学出版社, 2012.

［2］ 奥里奇. 教学策略有效教学指南［M］. 8 版. 北京:中国人民大学出版社, 2011.

［3］ 李艺,朱彩兰. 信息技术课程与教学［M］. 北京:高等教育出版社,2010.

［4］ 周敦. 中小学信息技术教材教法［M］. 3 版. 北京:人民邮电出版社,2013.

［5］ 董玉琦. 信息技术课程与教学［M］. 北京:电子工业出版社,2009.

［6］ 谢琪. 信息技术教学法［M］. 杭州:浙江科学技术出版社,2007.

［7］ 杜娟娟. 信息技术课程中的技能课教学研究［J］. 中国信息技术教育,2010(23).

［8］ 黄旭. 小学信息技术课堂中"半成品加工"策略的运用［J］. 中国信息技术教育, 2010(23).